INTRODUCTION	**6**
POURQUOI INVESTIR DANS L'IMMOBILIER ?	**7**
ON VOUS VEND DU RÊVE ?	**9**
MYTHES SUR L'IMMOBILIER	**11**
SEULS LES RICHES PEUVENT INVESTIR	11
IL FAUT FAIRE DE GRANDES ÉTUDES POUR INVESTIR	12
LES RENTABILITÉS SONT TRÈS BASSES	13
ÊTRE UN CONNAISSEUR EN TRAVAUX	14
GÉRER LES TRAVAUX C'EST DIFFICILE	15
ACHETER SA RÉSIDENCE PRINCIPALE	16
ACHETER DU NEUF POUR DEFISCALISER	17
LES BASES	**18**
L'EFFET DE LEVIER DU FINACEMENT BANQUAIRE	18
VOTRE CAPACITÉ D'EMPRUNT	19
LE MARCHÉ IMMOBILIER	20
LA DEMANDE	20
CONTRAT À DURÉE DETERMINÉE OU CONTRAT À DURÉE INDÉTERMINÉE ?	21
LE CASH FLOW	22
METTRE EN PLACE UNE STRATÉGIE PERSONNELLE	**23**
QUEL EST VOTRE REVE ?	24
QUEL EST VOTRE STRATEGIE D'INVESTISSEMENT ?	25

ÉPARGNER EST ESSENTIEL — 26

ET SI L'ON N'A PAS D'ARGENT À INVESTIR ? — 27
OK, MAIS À QUEL POINT FAUT-IL METTRE DE L'ARGENT DE CÔTÉ ? — 27

APPRENDRE A GERER SON BUDGET — 29

INVESTISSEUR RENTABLE — 30
PAR QUOI COMMENCER ? — 32
LES BONNES PRATIQUES POUR DEPENSER MOINS — 35
CONSEILLER FINANCIER — 46
RESTER PRÉVOYANT — 46
CONCLUSION — 48

PRIVILÉGIER LES ACTIFS OU LES PASSIFS ? — 49

ON FAIT TOUS LA MÊME ERREUR — 51
IL N'EST PAS TROP TARD POUR BIEN FAIRE — 52

QUELQUES SECTEURS D'INVESTISSEMENT INTERESSANTS. — 53

LE FINANCEMENT PARTICIPATIF IMMOBILIER — 54
L'INVESTISSEMENT À L'ÉTRANGER — 57

DÉPASSER LA PEUR DE SE LANCER — 58

SI C'ÉTAIT AUSSI SIMPLE ! — 58
UNE RÉELLE DIFFÉRENCE — 60
SE RASSURER PAR UN APPRENTISSAGE — 62
INVESTIR NE S'APPREND PAS SUR LES BANCS DE L'ÉCOLE — 63
UNE COURSE D'ENDURANCE ET NON UN SPRINT — 64
HABITUDES, AMBITIONS ET ACTIONS — 65

LE CHOIX DES BIENS — 67

LE MARCHÉ — 68

ACHETER À PROXIMITÉ DE VOTRE DOMICILE	70
L'IMMEUBLE	72
RÉALISER UNE PREMIÈRE SÉLECTION AVANT DE VISITER	**75**
CONNAÎTRE LE PRIX DU MARCHÉ	77
SORTEZ DE VOTRE COQUILLE	78
APPELER ET ORGANISER LES VISITES	**81**
RESUMER LA SITUATION	**84**
IL EST TEMPS DE SE LANCER DANS LES CALCULS !	85
NE PAS SE FIER AUX ÉMOTIONS	89
NE PAS SE FIER À L'INSTINCT	90
FAIRE UN CHOIX	91
SACHEZ FAIRE FACE AUX CHARGES IMPRÉVUES	92
NÉGOCIEZ	**94**
NE PAS INSISTER SI CELA PÉNALISE VOTRE RENTABILITÉ	98
GÉRER SON COMPORTEMENT ET SES ÉMOTIONS	100
RÉFLÉCHIR AUX PERSPECTIVES D'AVENIR	**103**
EFFECTUER DES TRAVAUX	**105**
LES FAIRE VOUS-MÊME OU FAIRE APPEL À DES PROFESSIONNELS ?	105
DU TRAVAIL NON VALORISANT ET ÉREINTANT	107
COMPARER LES TAUX HORAIRES AU MOMENT DES TRAVAUX	108
PENSEZ AUX LOCATAIRES	109
SUIVRE LES TRAVAUX	111

METTRE VOTRE BIEN EN LOCATION — 112

LE PRIX DU LOYER — 112
FAIRE SON CHOIX ENTRE UN BIEN VIDE, MEUBLÉ OU SAISONNIER — 113
DONNER ENVIE — 114
LES ERREURS À ÉVITER, LES BONNES PRATIQUES À ADOPTER — 115
L'IMPORTANCE DES PHOTOS — 116
LES VISITES — 117
SÉLECTIONNER SON LOCATAIRE — 118
L'ÉTAT DES LIEUX D'ENTRÉE — 119
APPRENDRE LA GESTION DES LOCATIONS SUR LA DURÉE — 120
PRIVILÉGIER LE LONG TERME — 121
L'ENTRETIEN DU BIEN — 122
COMMENT RÉAGIR FACE À UN RETARD DE LOYER ? — 123
CHANGER DE LOCATAIRE — 124
TRAVAILLER À SON RYTHME — 128
ENRICHISSEMENT PASSIF — 129
TROUVER SA VITESSE DE CROISIÈRE — 130
UN BON ÉTAT D'ESPRIT EST PRIMORDIAL — 132

SE CONSTITUER UN RESEAU — 133

CHOISIR SON BANQUIER — 134
CHOISIR SON AGENT IMMOBILIER — 136
LES EXPERTS EN IMMOBILIER — 138

ÉVALUER SON PATRIMOINE ET CAPITALISER SES PROGRÈS — 139

DES TÂCHES RÉCURRENTES — 141
COMMENT PROCÉDER ? — 142
LA RÈGLE DES TRENTE-TROIS POURCENT — 143
DEUX MODES DE CALCUL DIFFÉRENTS — 144
L'ARBITRAGE DES ACTIFS — 146

ATTEIGNEZ LE NIVEAU SUPÉRIEUR ! — 148

SAVOIR METTRE SON TEMPS À PROFIT — 149

CONCLUSION   **151**

INTRODUCTION

Cet ouvrage est destiné à toutes les personnes qui ont le profond désir de se lancer dans l'investissement immobilier. Il a été rédigé sur la base de plusieurs années d'expérience. Il contient notamment des outils d'analyse complets qui ont pour but de vous aider à faire le point sur votre situation financière actuelle, à trouver votre propre stratégie d'investissement et à atteindre vos objectifs.

On entend aujourd'hui nombre de fausses croyances au sujet de l'investissement immobilier, telles que : « Ce n'est pas rentable… » ou « C'est pour les gens riches… ».

Disons-le tout de suite, c'est absurde de penser cela. En effet, de nos jours, nombreuses sont les personnes qui parviennent à vivre de leurs seuls investissements immobiliers.

L'objectif de tout investisseur est de gagner de l'argent tout de suite, sans attendre le remboursement de ses crédits, afin d'atteindre, à terme, son indépendance financière. Cet ouvrage vous expliquera les différentes méthodes possibles pour y arriver, complétées des bonnes pratiques à mettre en œuvre pour commencer vos investissements rapidement.

Toutefois, oubliez tout de suite l'existence potentielle d'une recette miracle. Pour atteindre votre indépendance financière et vous constituer un revenu complémentaire en investissant dans l'immobilier, vous allez devoir travailler très dur, faire abstraction des jugements et croyances de votre entourage et faire preuve d'une détermination sans faille.

POURQUOI INVESTIR DANS L'IMMOBILIER ?

La principale réponse à cette question est atteinte votre indépendance financière. Vous enrichir et faire fructifier votre argent, en le faisant travailler à votre place. Vous constituerez ainsi des revenus complémentaires tout en arrêtant d'échanger votre temps contre un salaire.

Être riche, c'est en premier lieu un état d'esprit et non une condition !

Être riche, ce n'est pas avoir une voiture de luxe ni une villa de rêve !

Être riche, c'est faire preuve d'une intelligence telle que vous arrivez à bien gérer votre argent !

Enfin, être riche, c'est gagner de l'argent même sans travailler !

Beaucoup de personnes adaptent leur niveau de vie à leur salaire, elles dépensent tout ce qu'elles ont. À la fin du mois, une personne à faibles revenus n'aura pas moins d'argent qu'une personne à hauts revenus, sur ce principe.

Aussi, épargnez votre argent et il travaillera pour la banque. Vous pouvez aussi l'investir dans un projet immobilier et il travaillera alors pour vous.

La deuxième réponse à la question de départ est pour la sécurité. Investir dans la pierre est en effet bien plus sûr qu'investir dans la bourse ou dans tout autre investissement basé sur la spéculation. Vous ne perdrez jamais tout et sa valeur ne sera jamais nulle.

Tandis qu'en bourse vous mettez en jeu 100 % des sommes placées, dans l'immobilier cela représente 5 % à 20 %[1] en faisant appel au financement bancaire. Cela limite donc votre participation mais pas la somme en jeu. Vous pouvez donc, sur ce principe, faire travailler une somme de 5 à 10 fois plus importante qu'en bourse, tout en réduisant les risques. Bien entendu des effets de levier existent aussi en bourse vous permettant de multiplier les gains mais à mon avis c'est dédié à un groupe de personnes bien formées dans le domaine. Je ne recommande pas à un débutant d'utiliser ces outils s'il n'est pas parfaitement informé sur les risques et sur ses placements.

---

[1] Les pourcentages varient selon plusieurs critères comme la législation locale ou encore votre situation financière. Certaines banques peuvent en effet demander un apport en capital plus conséquent si elle estime que vous constituez un risque.

ON VOUS VEND DU RÊVE ?

De nos jours, il est très courant de trouver sur Internet des témoignages d'investisseurs devenus riches sans avoir déboursé le moindre centime. Mise à part les charlatans qui essayent de vous vendre des formations sans avoir réellement investi dans l'immobilier, il y en a tout de même qui possèdent un authentique parcourt d'investisseur et qui aujourd'hui partagent leurs expériences et techniques sur les réseaux sociaux.

Il faudra aussi tenir compte de la législation en vigueur dans chaque pays car on retrouve énormément d'outils d'investissement ainsi que des contraintes différentes.

Il est relativement courant de voir dans certains pays les banques financer de 100 % à 110 % des investissements immobiliers. Cela existe réellement ! Mais cette pratique n'est pas en vigueur partout, malheureusement. D'une manière générale, un minimum 20 % d'apport est exigé et le financement à 100 % est souvent proposé pour les biens appartenant à la banque. Aussi des règlementations sont différentes si vous avez un statut de résident ou non-résident.

Il existe d'autres aspects moins connus mais néanmoins essentiels. Notamment, dans certains pays, vous pouvez facilement accéder au bureau de votre banquier afin de négocier et exposer votre business plan. C'est-à-dire que le représentant a plus de flexibilité en ce qui concerne les conditions de financement. Tandis que dans d'autres pays, il est impossible d'aller plus loin que les guichets des conseillers souvent mal formés et sans aucun pouvoir de décision. Il est donc difficile de vendre son projet dans de bonnes conditions. Cela est dû principalement à la précédente crise économique qui a conduit les autorités à fixer un cadre plus contraignant en limitant les investissements risqués. Il reste possible d'obtenir divers avantages, à condition de développer sa propre stratégie et de s'adapter à son environnement.

Moi-même j'investis et je me suis rendu compte que la flexibilité des banques est considérablement limitée selon les lieux. Mais il y a beaucoup d'autres avantages.

MYTHES SUR L'IMMOBILIER

Avant de continuer, il est important d'attirer votre attention et de tenter de mettre de côté les diverses croyances qu'on vous a inculquées au fil des années. En effet, que ce soit par votre famille, vos amis ou vos collègues, vous avez sans doute déjà entendu quelqu'un vous dire que :

SEULS LES RICHES PEUVENT INVESTIR

A priori vous connaissez quelqu'un qui a déjà investi dans l'immobilier, pour acheter sa résidence principale par exemple. La plupart des personnes ont fait appel à une banque pour financer tout ou partie du bien via un crédit, ce qui leur a valu une charge financière supplémentaire. Toutefois, ces banques leur ont prêté de l'argent.

De ce fait, si votre objectif est d'investir dans l'immobilier et d'en faire une source de revenus, il y a fort à parier pour que les banques financent également vos projets. Qui plus est, si vous avez la chance et l'opportunité de présenter votre business plan, cela rendra votre banquier plus confiant à votre égard, ce qui, dans le même temps, augmentera votre chance d'obtenir des financements. Par la suite, plus vous gagnerez d'argent par le biais de vos investissements, plus les banques vous feront confiance.

Être riche n'est donc pas un prérequis pour investir.

IL FAUT FAIRE DE GRANDES ÉTUDES POUR INVESTIR

Non, il n'est pas nécessaire de devenir un expert dans l'immobilier. Il est en effet aisé d'investir en vue de générer des revenus complémentaires, tout comme de devenir propriétaire de sa résidence principale. La seule différence, c'est que pour investir, vous devez élaborer une stratégie personnelle et connaître un certain nombre d'outils et de méthodes à mettre en pratique afin de garantir le succès de votre investissement.

À bien des égards, la meilleure méthode d'apprentissage, c'est la pratique. N'hésitez donc pas à questionner des agents immobiliers, qui constituent une bonne source d'informations. Votre expertise s'acquerra au fil du temps.

LES RENTABILITÉS SONT TRÈS BASSES

Toutes les agences que vous côtoierez vous vanteront des rentabilités exceptionnelles de leurs biens, tournant entre 5 % et 9 %.

CE SONT DES MENSONGES !

Ne perdez pas de vue que l'on parle ici de rentabilité brute ; elle vous servira uniquement de guide au fil de l'accumulation de votre expérience.

Dans les faits, ce niveau de rentabilité n'a aucun intérêt pour un investisseur, car une fois les impôts, le crédit, les assurances et autres taxes déduites, vous pourriez vous retrouver en déficit, ou dans le meilleur des cas à l'équilibre. Ce n'est pas votre objectif !

Il est toujours possible de trouver mieux. Il faut pour cela chercher au bon endroit. Dans cette optique, n'oubliez pas que les annonces sur Internet ne sont pas souvent mises à jour, certains biens ayant déjà été vendus ou réservés. Vous perdrez donc du temps à contacter le vendeur. Pour éviter cet écueil, vous pouvez contacter les agences immobilières directement, car elles sont en général informées des dernières mises sur le marché. Parfois même, elles ont des biens à gérer mais ne les ont pas encore mis en publicité. Si vous êtes en bons termes avec elles, elles pourraient vous en accorder la primeur et vous pourrez ainsi passer avant tout le monde.

ÊTRE UN CONNAISSEUR EN TRAVAUX

L'un des moyens pour obtenir une grande rentabilité est d'acheter des biens à rénover. Vous aurez ainsi une plus grande marge de négociation alors que les prix sont déjà souvent très bas. Tandis que grâce aux travaux que vous y réaliserez, la valeur du bien augmentera, votre rentabilité avec.

Deux solutions s'offrent à vous dans ces circonstances :

- Le premier est de faire tous les travaux par vos propres moyens, en gardant en tête votre objectif de qualité et de délais.

- Le deuxième est de confier les travaux à des artisans. C'est un gain de temps évident mais c'est plus onéreux. Toutefois, il s'agit d'un investissement, donc vous vous y retrouverez d'une manière ou d'une autre.

Il y a, dans cette situation, très certainement un équilibre à trouver en fonction de vos objectifs. Vous n'avez d'ailleurs pas besoin de tout connaître : des artisans pourront vous conseiller et vous aider à choisir la meilleure option.

GÉRER LES TRAVAUX C'EST DIFFICILE

La gestion d'un bien immobilier ne prend pas plus de quinze minutes par mois. En effet, il est aisé de mettre en place des automatismes qui vous permettront de faciliter cette gestion.

Cette gestion sera bien sûr plus compliquée au fil des acquisitions de biens. Il existe, pour vous y aider et si vous le souhaitez, des entreprises spécialisées dans la gestion de biens. Cela vous permettra de vous libérer de ces tâches. La contrepartie est en revanche financière : cela vous en coûtera entre 9 % et 12 % de rentabilité.

Toutefois, vous pouvez parfaitement décider de continuer la gestion vous-même, à plein temps. Vous aurez le temps d'y réfléchir au fur et à mesure de l'accroissement de votre parc immobilier.

Ne vous fiez pas forcément aux croyances selon lesquelles la gestion est difficile à cause des locataires irrespectueux qui dégradent les biens ou ne payent pas. Ce genre de situations n'arrive que dans moins de 5 % voire 1 % des locations. En règle générale, une personne ne loue pas un appartement dans le but de le saccager et de ne pas payer les loyers. Il y a de fait peu de chances que vous soyez plus mal lotis que la moyenne.

ACHETER SA RÉSIDENCE PRINCIPALE

Régulièrement, ceux qui se lancent dans un investissement immobilier le font en premier lieu pour acquérir leur résidence principale. Il faut considérer cet achat comme un placement et non comme un investissement, dans la mesure où il ne vous rapportera pas d'argent mais au contraire des charges supplémentaires dans votre ménage.

De fait, si l'acquisition d'une résidence principale fait partie de votre stratégie d'ensemble, allez-y, mais dans le cas contraire, cela grèvera votre taux d'endettement et vous ralentira dans votre progression.

Dans tous les cas, les deux aspects ne sont pas incompatibles. Vous devrez simplement ajuster votre stratégie en fonction de votre capacité d'endettement à un instant T.

Les personnes n'ayant pas encore investi dans l'immobilier peuvent s'estimer heureuses car cela sera positif dans le cadre de leur stratégie d'investissement intelligent.

ACHETER DU NEUF POUR DEFISCALISER

Dans certains pays des avantages fiscaux sont mis en place pour ceux qui achètent des biens immobiliers neufs. Soyez méfiant à l'égard des publicités qui vous vendent des projets d'investissement immobilier sans effort avec de bons rendements et des avantages fiscaux. Sachez que dans ces types d'investissements, ce sont les promoteurs qui s'enrichissent, pas vous. N'essayez donc pas de payer moins d'impôts mais de gagner plus d'argent. Les impôts ne représentent en effet qu'une part de vos revenus, ce qui, en d'autres termes, signifie que plus vous payez d'impôts, plus vous êtes riche.

Aussi, il existe d'autres moyens pour réduire ses impôts, sans toutefois passer par des programmes de défiscalisation, dans lesquels les travaux sont souvent mal gérés, les emplacements mal choisis et le marché mal ciblé. Ce ne sont donc pas de si bonnes affaires, vous le regretteriez rapidement. La location pourrait s'avérer difficile et les charges de copropriété exorbitantes. De plus, lorsque vous voudrez revendre, la valeur aura certainement baissé et vous risquez de perdre de l'argent.

Toutefois, tout n'est pas négatif : si vous désirez vous lancer dans ces programmes, analysez la proposition, le prix, faites une étude de marché (sur la demande locative dans ce secteur par exemple) et faites des calculs de rentabilité. Vous pourrez alors prendre une décision de façon objective. Mais ne vous fiez pas à l'aveugle aux publicités.

LES BASES

L'EFFET DE LEVIER DU FINACEMENT BANQUAIRE

Associer les banques afin de financer vos projets immobiliers est le meilleur moyen pour acheter beaucoup avec peu. Ce coup de pouce vous permettra de faire fructifier votre argent rapidement.

Concernant la durée du prêt, plus elle est longue et plus il vous sera facile de supporter le crédit et donc d'autofinancer votre investissement. N'hésitez donc pas : la durée la plus longue vous permettra d'économiser de l'argent à court terme et non à l'issue du crédit. D'ailleurs, si vous en avez les moyens par la suite, vous pourrez toujours rembourser le crédit par anticipation. N'oubliez pas que plus vous avez de dettes moins d'impôts vous payerez. Vous avez donc tout intérêt de garder les dettes hypothécaires le plus longtemps possible.

Il vous reste donc à trouver le banquier qui vous fera suffisamment confiance pour placer son argent entre vos mains. Vous serez en mesure de préparer un plan d'investissement une fois le contenu de cet ouvrage bien assimilé. Cela vous permettra de mieux vendre votre projet à la banque.

VOTRE CAPACITÉ D'EMPRUNT

Le fait d'apprendre à calculer et de connaître votre capacité d'endettement est essentielle dans l'élaboration de votre stratégie d'investissement.

En général, le taux d'endettement maximum toléré est de 33 %. Certains pays accordent toutefois un taux à 40 % sous certaines conditions. Il faut par ailleurs savoir que certains le calculent à partir du revenu brut et d'autres du revenu net. Adaptez-vous au marché ciblé. Il est très important de connaitre les bases légales du pays dans lequel vous souhaitez investir.

Voyons désormais comment calculer votre taux d'endettement.

Le calcul est assez simple. Prenez 33 % de votre revenu brut ou net. Si vous gagnez par exemple 3 000 € par mois, vous multipliez ce montant par 0,33 (33 %), ce qui vous donne 990 €. C'est ce montant qui vous permettra de construire votre plan d'investissement.

Plus tard, la banque prendra également en compte les revenus issus de vos investissements, parfois même, selon les pays, les futurs revenus locatifs du bien que vous souhaitiez acquérir, après calcul estimatif.

LE MARCHÉ IMMOBILIER

L'histoire a prouvé que le marché immobilier reste globalement stable. Il existe quelques fluctuations, par exemple les crises économiques, mais elles sont lissées par le temps. Sur le long terme, le marché retrouve toujours son équilibre.

Malgré les crises économiques mondiales le marché immobilier finit toujours par se stabiliser tout en laissant certaines cicatrices. Les nations apprennent à être plus vigilantes et mettent en place des garde fous pour limiter les dérives du marché ainsi que la prise de risques.

LA DEMANDE

La pyramide de Maslow montre que l'être humain a besoin de s'abriter et que cela fait même partie intégrante de son bien-être. Ce besoin vient après les besoins physiologiques. Ce n'est plus à démontrer : tout le monde a besoin de se loger.

La planète compte à ce jour presque 8 milliards d'êtres humains et, selon les prévisions de l'ONU, il est raisonnable de penser qu'en 2050, nous serons à quasi 10 milliards. La demande de logement sera donc en constante augmentation. En Europe, la population se densifie, ce qui augure une dynamique positive pour le marché immobilier.

CONTRAT À DURÉE DETERMINÉE OU CONTRAT À DURÉE INDÉTERMINÉE ?

Avant d'accorder un prêt, les banques évaluent toujours les risques et font toujours en sorte de les minimiser. Elles ont en effet besoin d'être rassurées avant de vous confier des sommes plus ou moins importantes. Votre situation financière personnelle est donc, en quelque sorte, un CV pour une banque.

Avez-vous un CDI ou un CDD ? Vivez-vous au-dessus de vos moyens ou êtes-vous économe ? Avez-vous souscrit d'autres crédits ?

Certains pays n'obéissent pas à cette règle mais le plus souvent, les banques vont analyser scrupuleusement vos crédits et débits afin d'en déduire votre mode de vie, votre façon de dépenser l'argent.

Travailler en CDD ne ferme pas forcément les portes d'un crédit, mais vous devez vous montrer exemplaire en termes de gestion de compte et d'épargne. Si vous mettez de côté de l'argent régulièrement, les banques y seront sensibles. Vous devez également leur montrer un bon business plan. Ce sera en effet un point positif pour les banques, qui vous verront alors comme quelqu'un de sérieux qui sait gérer son budget et qui suit un plan précis. Qui plus est, si vous avez déjà réussi de premiers investissements, cela ne fera qu'accroître la confiance en vous.

LE CASH FLOW

Votre objectif est a priori de gagner de l'argent chaque mois et devenir indépendant financièrement.

Pour atteindre cet objectif, chaque investissement locatif que vous ferez devra dans un premier s'auto-suffire, ce qui s'appelle également l'autofinancement. Par la suite, ils devront générer un excédent de trésorerie, après déduction des frais de gestion et des diverses taxes : on appelle ça le cash-flow.

Il sera nécessaire de calculer la rentabilité des biens que vous souhaitez acquérir. Pour ce faire, ne vous fiez jamais aux taux de rentabilité affichés par les agents immobiliers, car ils s'en servent souvent comme purs arguments marketing.

Une fois ce calcul effectué, il sera temps de décider de la marche à suivre.

Le fonctionnement est relativement binaire : si le bien est rentable, vous avancez dans le cas contraire vous passez au bien suivant ou déterminez si une négociation le rendra rentable. Parfois, un simple changement de plan sur un bien donné peut suffire à le rendre rentable : division en plusieurs lots, location saisonnières… À vous d'estimer la meilleure stratégie à adopter. Usez de votre imagination, démarquez-vous des autres.

Dans tous les cas, la patience est le mot d'ordre dans le choix des biens car une erreur de calcul pourrait s'avérer fatale pour le développement de vos projets et l'atteinte de vos objectifs.

METTRE EN PLACE UNE STRATÉGIE PERSONNELLE

L'atteinte de vos objectifs personnels doit passer par une stratégie qui vous est propre !

QUEL EST VOTRE REVE ?

Avant d'atteindre un objectif, il faut déjà le définir clairement. Y réfléchir, formaliser ses envies permet ensuite de tout mettre en œuvre pour y parvenir. Il est désormais temps de déterminer vos objectifs à court, moyen et long terme.

Quel est votre rêve ?

Quelles sont les raisons qui vous poussent aujourd'hui à vouloir investir ?

Quel est le but ultime ?

Quelle finalité donnez-vous à l'argent ?

Comment comptez-vous l'utiliser ?

Augmenter votre niveau de vie, avoir une belle maison, une famille ?

Voyager ?

Profiter de la vie en tant que rentier de l'immobilier ?

Les réponses sont spécifiques à chacun, mais la vôtre, personnelle, doit être le fruit d'une longue réflexion. Peut-être voulez-vous en faire profiter votre entourage, faire des dons à des associations et devenir bénévole tout en arrêtant de travailler…

Quelle que soit votre réponse, formalisez-la en objectif, travaillez et investissez en conservant cet objectif comme fil rouge et source de motivation.

QUEL EST VOTRE STRATEGIE D'INVESTISSEMENT ?

Une fois votre objectif clairement mûri et défini, vous devez réfléchir à votre stratégie pour l'atteindre.

Voulez-vous investir un peu et épargner le reste ?

Investir davantage ?

Dans des studios ?

Dans un autre type de logement ?

Vous cherchez des rentrées d'argent issues de la location ou plutôt des défiscalisations ?

Là encore, définissez votre objectif et n'en déviez pas. Les stratégies possibles sont multiples, la vôtre doit vous appartenir.

ÉPARGNER EST ESSENTIEL

Épargner est une obligation morale pour tout investisseur, et ce pour plusieurs raisons :

- Cela sécurise ses finances : avoir 15 000 € sur des comptes d'épargne est toujours plus confortable que ne rien avoir. Ainsi en cas de coup dur, la tranquillité permise par ces économies est salvatrice.

- Le banquier est rassuré. Il sera toujours plus enclin à prêter à un investisseur qui détient des épargnes plutôt qu'à un autre qui vit toujours à découvert.

- Cela crée de la richesse. Avec le revenu et l'investissement, l'épargne est le troisième grand principe pour devenir riche, notamment pour les deux raisons expliquées précédemment.

Concrètement, avoir de l'argent de côté permet soit de se faire plaisir (weekend impromptu, achat impulsif, prêt bancaire qui ne passerait pas sans apport…), soit de faire face à un aléa (voiture ou électroménager en panne…). Dans toutes ces situations, débloquer l'argent épargné évite bien des tracas, ce qui vous rendra plus serein.

ET SI L'ON N'A PAS D'ARGENT À INVESTIR ?

Le principe de l'investissement est qu'il demande justement un effort au départ. Un effort en temps comme un effort financier. Le gain d'argent facile n'existe que dans les fausses promesses de certains courriels reçus dans votre boîte.
Prenez donc du temps et faites des sacrifices financiers pour préparer votre plan d'attaque.

OK, MAIS À QUEL POINT FAUT-IL METTRE DE L'ARGENT DE CÔTÉ ?

Il faut avant tout tenir compte de ses revenus et y aller par étapes. Il est conseillé, si vos revenus sont peu élevés, de commencer à en épargner 10 %, puis d'augmenter de 5 % chaque mois, jusqu'à atteindre votre limite acceptable. Il faudra peut-être faire marche arrière durant un ou deux mois pour trouver le bon équilibre. Une fois cette limite atteinte, vous épargnerez suffisamment tout en conservant un train de vie que vous jugez confortable.

Dans le cas où vos revenus sont élevés, le problème ne se pose pas. Vous allez pouvoir épargner beaucoup tout en diversifiant les supports. Vous préparerez ainsi l'avenir sereinement, tout en vous faisant plaisir.

Dans tous les cas, à chaque augmentation de revenus ou rentrée d'argent exceptionnelle, profitez-en pour en placer une grosse majorité. Accordez-vous un extra et augmentez votre train de vie avec le solde. Combiner placements financiers et investissements dans l'immobilier constitue une manne financière impressionnante qui vous permettra de vous enrichir et donc, à terme, de moins regarder à la dépense ! Si vous pouviez vous projet dans le futur, imaginez quelle personne vous pourriez devenir de cette manière !

APPRENDRE A GERER SON BUDGET

Avant d'effectuer un quelconque investissement dans des actifs tels que l'immobilier, la bourse ou un fonds de commerce, assurez-vous que vous avez les capacités nécessaires ainsi que les bonnes habitudes dans la gestion de votre budget. Il est en effet courant de croiser des personnes qui ne savent pas (ou ne souhaitent pas) gérer leur budget, du fait que cette tâche est perçue comme contraignante ou sans intérêt. Aussi ces personnes dépensent plus qu'elles ne gagnent. Et cela arrive même à des personnes qui ont de hauts revenus et qui sont toujours à découvert.

On a tous des objectifs différents et personnels. L'argent peut vous aider à y parvenir mais à la condition d'avoir le courage de sortir de sa zone de confort et d'oser investir. La peur de perdre l'argent est parfois très forte et nous empêche de franchir le pas mais elle n'est fondée que sur le manque de connaissances. Apprenez à gérer les risques plutôt que d'en avoir peur. Il faut voir l'argent comme un outil de travail.

INVESTISSEUR RENTABLE

La vraie richesse, c'est être heureux et libre. Cette liberté ne peut s'obtenir que par l'argent, c'est le fonctionnement même du monde. Même si l'argent n'achète pas le bonheur, le fait de ne pas en avoir empêché d'acheter quoi que ce soit.

Les investisseurs doivent garder à l'esprit que cet argent nécessaire à la liberté ne peut s'obtenir que grâce à des techniques qui évitent les écueils que l'on rencontre normalement en route. Un Investisseur Rentable a la capacité de faire plus avec moins :

Moins de possessions !

Moins de besoins !

Moins de dépenses !

Plus d'expériences !

Plus d'épargne !

Plus d'actifs !

Plus d'argent !

Et ainsi de suite !

A partir de quel revenu est-on riche ? Si la majorité des personnes répondent « 10 000 € », tout dépend en réalité de votre niveau de vie. Si vous dépensez 8 000 € par mois, vous n'aurez pas tort. Mais si vous dépensez 5 000 € par mois, alors vous serez riche bien avant !

Le fait de savoir bien gérer son budget n'est pas un don de la nature mais un apprentissage. Peu importe vos revenus et votre classe sociale, il est indispensable de le maitriser. Parfois, une simple feuille de papier et un comportement adéquat peuvent suffire. L'objectif n'est pas de changer votre façon de vivre mais de réfléchir et optimisez vos dépenses pour avoir l'esprit tranquille.

D'ailleurs sur ce sujet, certaines personnes donnent des conseils pour économiser de l'argent, ne pas aller au restaurant, ne pas partir en vacances… Non, non et non. Économiser est une bonne chose mais si c'est pour se sentir frustré à force de se priver de tout ce qu'on aime, il n'y a aucun intérêt. Par ailleurs, l'arrêt de la consommation est négatif pour l'économie. Il est, heureusement, possible de faire des concessions tout en conservant une certaine qualité de vie.

PAR QUOI COMMENCER ?

ANALYSER SES DEPENSES ET SES REVENUS

Il est primordial de faire le point sur l'état de vos finances actuelles. Par une analyse complète, vous pourrez en avoir une vue d'ensemble. Pour cela, prenez tout d'abord une feuille de papier et notez-y toutes vos dépenses, réparties selon trois catégories :

Les dépenses fixes : le loyer, les énergies, les factures d'abonnements Internet et téléphone, les assurances... Il s'agit des dépenses récurrentes. Si elles sont débitées selon une fréquence moindre, ramenez le montant à son équivalent mensuel.[2]

Les dépenses courantes : cette catégorie regroupe la totalité des dépenses du ménage. Elles sont variables d'un mois à l'autre et regroupent l'alimentation, les abonnements, les sorties. Essayez de lisser ces dépenses sur plusieurs mois pour avoir une estimation mensuelle plus juste.
Les dépenses exceptionnelles : elles sont plus ponctuelles mais souvent importantes en termes de coût. Il est donc essentiel d'en tenir compte dans vos prévisions. Réalisez un calcul aussi précis que possible de combien vous coûtent les réparations de voitures par exemple sur une année et pondérez-les sur un mois. Faites de même avec toutes ces dépenses. Vous verrez qu'elles ne sont pas négligeables. N'hésitez pas à prendre le cas le plus défavorable, afin de sécuriser vos comptes.

---

[2] En divisant par douze une échéance annuelle par exemple.

La gestion d'un budget est une affaire de famille. Il est important de prendre en compte les besoins et nécessités de chacun de ses membres. N'hésitez pas à en discuter ensemble et à fixer des objectifs afin d'obtenir l'adhésion et la participation de tout le foyer.

Une fois l'ensemble des dépenses décryptées et détaillées, attaquez-vous aux revenus. Ne prenez en compte que les revenus fixes et non les ventes d'objets occasionnelles ou les petits boulots. Ce sont des montants non garantis, donc ils sont considérés comme inexistants dans vos prévisions. Vous pourrez toujours décider d'épargner ces bonus ou les utiliser pour vous faire plaisir. Vous saurez ainsi si vos revenus suffisent à subvenir au rythme de vie que vous menez.

LE BILAN

Vous pouvez dès à présent comparer la totalité de vos dépenses et de vos revenus. Une simple différence entre les deux vous conduira à l'un des trois résultats suivants :

1. **Vos dépenses sont inférieures à vos revenus :**
   Dans ce cas, vous êtes déjà sur la bonne voie car vous dégagez un excédent de liquidités que vous pourrez utiliser pour financer vos projets.

2. **Vos dépenses sont égales à vos revenus :**
   Attention, cette situation est dangereuse car basée sur un équilibre précaire. Vous subvenez à vos besoins mais ne disposez pas d'une zone de confort suffisante pour faire face à un imprévu et vous ne pouvez pas épargner.

3. **Vos dépenses sont supérieures à vos revenus :**
   C'est la pire des situations. Vous n'arrivez pas à boucler vos fins de mois et les dettes s'accumulent. Vous le ressentez certainement déjà. Dans ce cas, beaucoup font l'erreur de faire appel aux crédits à la consommation afin de pallier le manque de revenus. C'est une stratégie dangereuse car elle conduire au surendettement. Vous devez réagir rapidement.

LES BONNES PRATIQUES POUR DEPENSER MOINS

Justement, comment vous tirer de ce mauvais pas ? Étant donné qu'il est plus difficile d'augmenter ses revenus plutôt que réduire ses dépenses, c'est sur ce point qu'il faut agir. Il faut commencer par de petits ajustements qui aident à régulariser la plupart des situations.

L'optimisation des dépenses, c'est réaliser plus avec le moins d'argent possible. Je vais vous exposer des techniques simples pour moins dépenser et vivre mieux tout en épargnant davantage. Ce sont les deux piliers de la richesse : investir et épargner.

RENEGOCIER ET REDUIRE LE MONTANT DES FACTURES

Au moins une fois par an, il faut effectuer une mise à jour de vos dépenses. Revoyez vos contrats d'assurances, vos abonnements téléphoniques et Internet, cinéma ou fitness… Faites jouer la concurrence et comparez les prix. En quelques lettres ou courriels, vous pourrez réduire vos dépenses courantes. Nul besoin de forcément résilier, trouver moins cher est une première étape. Toutefois, cela peut aussi être le moment de supprimer certains services que vous n'utilisez peut-être jamais, comme un abonnement à un magazine ou cinéma que vous n'utilisez plus.
Pour effectuer la comparaison, utilisez une feuille de papier. Contactez les fournisseurs et renégociez vos contrats, diminuez les prestations ou allez chez un concurrent moins cher si c'est nécessaire. Cela peut prendre un peu de temps mais les économies potentielles en valent la peine.

ADOPTER UNE VISION ANNUELLE DES COUTS

Pour tout ce qui concerne les vêtements ou les loisirs, il est recommandé de fixer un budget annuel. De cette manière, vous pourrez réajuster votre niveau de dépenses, par exemple si vous avez acheté un produit un peu plus onéreux qu'à l'accoutumée. Le principal est, sur l'année, de ne pas sortir du budget fixé.

Pour vous motiver concrètement à optimiser vos dépenses, calculez les économies que cela représente sur une année. Vous verrez que cela chiffre vite. Faites l'opération dans l'autre sens quand vous hésitez à souscrire de nouvelles prestations. Si 60 € par mois ne représentent pas grand-chose, ramené à l'année, cela donne 720 €, ce qui représente un mois de loyer pour certaines personnes ou le prix des billets pour les prochaines vacances. Avoir une vision à l'année est très utile pour contrôler ses dépenses et s'imposer des limites.

ÉVITER LES ACHATS COMPULSIFS EN CINQ ÉTAPES

1. Se fixer un budget et le respecter.

2. S'interroger sur l'utilité de la dépense que vous vous apprêtez à faire.

En avez-vous vraiment besoin ?

Pourquoi êtes-vous davantage attiré par le prix que par la qualité ?

En quoi ces dépenses participent-elles à votre bonheur ?

Peu de personnes se posent ces questions, alors que la réponse peut permettre de ne pas céder à la tentation. En effet le piège quand vous vous enrichissez, c'est de vouloir tout dépenser au fur et à mesure après tout, le compte en banque est rempli et l'argent coule à flots. Comment y résister ? En distinguant ce qui est essentiel de ce qui ne l'est pas, vous limiterez les risques d'achats compulsifs.

3. S'imposer un délai de réflexion. Imaginez que vous êtes dans un magasin dans lequel sont vendues les dernières technologies en termes de téléphonie par exemple. Vous vous dites que vous aimeriez avoir ce téléphone tout juste sorti, que vous pouvez vous faire

plaisir et que vos finances, certes mises à mal si vous franchissez le pas, vous le permettent. Quelques sacrifices dans le mois permettront d'absorber cet achat. Vous regardez ce téléphone, le sentez, vous transpirez à l'idée de l'avoir en votre possession. Vous êtes sur le point de céder à votre impulsivité. Vous imaginez déjà toute la joie que vous aurez en franchissant la porte du magasin, ce nouveau téléphone entre vos mains.

La solution : rentrez chez vous et essayez d'attendre trois jours sans retourner dans le magasin. Reprenez le cours normal de votre vie. Évaluez votre comportement durant ce laps de temps : avez-vous déjà oublié cette envie, émettez-vous des doutes quant à elle, ou regrettez-vous de ne pas avoir cédé à la tentation ? La majorité du temps, vous oublierez ledit produit sans aucun effort et aurez évité l'achat impulsif de quelque chose dont vous n'aviez finalement pas besoin ou envie. Si, au final, vous avez des regrets, allez l'acheter. Si vous observez les personnes fréquentant ce type de magasins, qui subissent toutes les affres du marketing à outrance, vous verrez que la plupart achètent de façon impulsive, quand bien même elles connaitraient l'astuce.

4. Convertir le prix en temps de travail : la quatrième astuce consiste à comparer le prix de chaque article avec votre salaire. Combien de temps (heures, semaines, mois) devez-vous travailler pour vous l'offrir ? Cela permet de se rendre compte de la vraie valeur des choses. Si vous gagnez 20 € de l'heure et que vous souhaitez vous offrir un écran plat à 900 €, cela représente 45 h de travail, soit un peu plus qu'une semaine.

5. Comparer avant d'acheter. Il est judicieux de comparer les prix des différents magasins ou sur internet pour trouver les offres moins chères possibles. Cela vous permettra d'optimiser vos achats.

FINANCEZ DES EXPÉRIENCES PLUTÔT QUE DES OBJETS

Ce précepte est certainement l'une des clés les plus importantes à connaître et à appliquer. En effet, un objet vous procurera un plaisir éphémère, tandis que votre expérience sera durable et vous ravira tout au long de votre vie. Des souvenirs de moments agréables, en vacances, entre amis, en famille, durant une fête, une sortie, vous en avez plein la tête. Se rappeler de ces instants est beaucoup plus plaisant que de penser à un objet acquis il y a peu, quel qu'il soit. Peu importe sa valeur financière : ce que vous avez vécu de positif, ce qui compose votre expérience personnelle, tout cela apporte une satisfaction et a une importance bien supérieure à n'importe quelle possession matérielle, quelle que soit sa valeur financière également.

D'ailleurs, les grandes marques de luxe jouent sur ces sentiments. C'est pour cette raison qu'au-delà d'un produit, ils proposent une expérience client privilégiée, en jouant sur les services associés, sur le service après-vente, sur la relation clientèle, en accordant des traitements VIP… Un client sera souvent plus attentif à ces petites attentions et sera fidèle à la marque, tandis que l'objet acheté auprès de cette marque est déjà presque oublié.

Faites le test : réduisez votre budget « objets » et privilégiez les expériences de vie avec vos proches. Vous constaterez à quel point tout le monde en ressort ravi.

APPLIQUER LE PRINCIPE « ENTRÉE / SORTIE »

Afin de bien vous rendre compte de votre niveau de consommation, appliquez ce principe simple. À chaque achat d'un bien, revendez ou donnez un bien similaire, que ce soit un livre, des chaussures, etc... Les possibilités sont infinies. Évitez toutefois de jeter ces objets aux ordures : privilégiez le recyclage, la vente ou le don, afin de parfaire cette expérience.

Avec un peu de pratique, vous verrez que cela devient mécanique et que vous ne conserverez à terme que ce qui est vraiment utile. Vous pourrez de cette façon tenter de nouvelles expériences. Cela vous fera économiser du temps et de l'argent dans la mesure où plus rien d'inutile ne vous encombrera. N'hésitez d'ailleurs pas à associer vos enfants dans la démarche, ils pourront trouver ça amusant, tout en conciliant le côté pratique et responsable. Expliquez-leur le but de ce jeu et instaurez des règles divertissantes pour les intéresser davantage, comme une chasse aux trésors inutiles par exemple.

GÉRER SES COMPTES

Lors d'une demande de prêt, la banque va vous évaluer ; vous devrez lui fournir l'historique de tous vos comptes sur les trois derniers mois au minimum. La banque réalisera un audit sur vos dépenses, vos revenus et votre niveau de vie, vous notera et établira votre profil emprunteur. Pour réussir cet « examen » : adoptez les techniques précédentes. Si vous ne les respectez pas, commencez dès maintenant. Votre niveau de vie ouvrira ou fermera les portes des emprunts à venir.

La banque fera attention à vos dépenses courantes : évitez donc les plaisirs onéreux et répétés qui dépassent vos moyens. C'est la clé pour devenir investisseur immobilier.

Afin de simplifier la mise en place de ce principe, automatisez le système que je vais vous expliquer maintenant. Les résultats qu'il permet vous étonneront et vous permettront de devenir aussi riche que l'Oncle Picsou. Imaginez tout cet or, toute cette richesse… Comment en est-il arrivé là ? En épargnant !

Faites donc de même, mais pas n'importe comment. L'épargne doit se faire dès que vos revenus arrivent sur votre compte, pas en fin de mois. Vous pourrez ainsi mieux gérer votre budget ; vous devrez maintenir vos dépenses au niveau permis par l'argent disponible après avoir épargné. À vous de définir quel montant vous mettez de côté chaque mois et ajustez légèrement au besoin, à la hausse ou à la baisse ; commencez par exemple par 10 % de vos revenus. Instaurez un virement automatique, vous n'aurez ainsi plus à y penser et votre épargne augmentera naturellement. Ne le voyant plus sur votre compte courant, vous apprendrez vite à ne plus vivre avec. Tant que vous voyez de l'argent sur votre compte, vous avez une propension à vouloir le dépenser, d'où le fait qu'il vaut mieux le placer en début de mois.

L'important est de vous fixer des objectifs d'épargne. Il y aura probablement un temps d'adaptation à ce « revenu résiduel » réduit. Mais à force d'habitude, votre niveau de vie sera modifié en fonction.

CONSERVER TROIS COMPTES DISTINCTS QUAND ON EST EN COUPLE

Même si cela est fonction de son histoire personnelle, il est toujours conseillé, dans un couple, d'avoir un compte individuel chacun et un compte commun. Vous pouvez même faire les comptes ensemble, afin que la personne ayant des revenus plus faibles, le cas échéant, garde un œil sur les finances globales. Cela lui permet de s'impliquer malgré le fait qu'elle ne participe pas de manière égale aux dépenses du foyer.

FONCTIONNER PAR ENVELOPPES

Pour pouvoir gérer un budget lors de gros projets, par exemple des vacances, il est intéressant de fixer une enveloppe budgétaire en amont et de s'y tenir. On fera alors des comptes partiels pour vérifier qu'on reste en permanence dans le budget prévu. L'objectif est de ne pas le dépasser, ou très peu.

PAYER EN ESPÈCES

Une dernière solution pour surveiller votre budget, c'est de retirer l'argent en espèces, par exemple pour une semaine, et de le dépenser uniquement avec ce moyen de paiement. Quand les espèces sont épuisées, votre budget l'est également. C'est une méthode très visuelle.

ATTENTION AUX DETTES ET AUX CRÉDITS À LA CONSOMMATION

Ne contractez un crédit à la consommation qu'en dernier recours, même pour une voiture. Mieux vaut épargner et effectuer votre achat une fois l'argent réuni. Le seul crédit acceptable est pour accéder à votre habitation principale, et encore, vous devez le calculer de manière à vivre confortablement une fois les mensualités déduites de vos revenus. Gardez une poire pour la soif en conservant une faculté d'épargner. Les crédits que vous contracterez pour l'immobilier locatif ne comptent pas, dans la mesure où ils seront compensés par les loyers ainsi récupérés.

CE QU'IL FAUT SAVOIR SUR LE CRÉDIT

Nous l'avons déjà vu, il faut à tout prix éviter les passifs, a fortiori s'ils prennent la forme de crédits. Ce n'est pas tant cette forme qui compose la problématique, car le crédit peut permettre d'accroître les moyens de s'enrichir. Malheureusement, il peut aussi accélérer les dettes. C'est donc un piège à éviter. Il peut être un allié mais il faut savoir le dompter. Dans le cas contraire, il vous empoisonnera la vie.

S'IMPOSER DES RESTRICTIONS

Si malgré l'application de ces méthodes simples, vous ne parvenez pas à corriger vos problématiques budgétaires, c'est que votre situation est vraiment délicate. Vous allez devoir consentir à faire des efforts supplémentaires, voire diminuer une partie de votre confort de vie. Soyez réaliste car il est inutile de se fixer des objectifs trop ambitieux. Vous ne pourrez sans doute pas y parvenir. Aucun objectif n'est irréalisable, mais vous devez adapter le vôtre à votre situation, afin qu'il soit atteignable au vu des difficultés que vous pouvez endurer. Dans le cas contraire, vous allez vous retrouver sous pression et abandonner. Une fois vos objectifs budgétaires fixés, vous devez en faire une priorité et ne laisser la place à aucune autre issue. Vous devrez les respecter par tous les moyens. Pensez déjà à la satisfaction lorsque vous les aurez atteints, ce sera une source de motivation supplémentaire.

CONSEILLER FINANCIER

Pour qui vit des fins de mois difficiles, il est conseillé d'aller à la recherche d'un regard extérieur. Sa façon de gérer son argent, c'est une histoire que l'on se raconte à soi-même, même si on n'en a pas forcément conscience. Un conseiller financier pourrait permettre de vous aider à reprendre vos finances en main, sans culpabiliser.

RESTER PRÉVOYANT

Pour aller plus loin, pour faire encore mieux, soyez prévoyant. Pour cela, je vais vous dévoiler deux dernières astuces qui vous garantiront une tranquillité d'esprit pour le futur.

Aucune des deux n'est meilleure que l'autre, il vous appartient de choisir laquelle vous conviendra le mieux. Ça sera la meilleure car c'est celle que vous aurez choisi de suivre.

AVOIR UN FOND DE RESERVE

La première astuce est de tenir un fonds de réserve. Celui-ci, dans l'idéal, devrait correspondre à 3 ou 6 mois de salaire net. Mais il doit rester transparent à vos yeux, vous ne devez pas l'utiliser. Il servira exclusivement à pallier les dépenses imprévues, comme une réparation de voiture par exemple. Vous ne devez pas l'utiliser pour partir en vacances ou vous payer une sortie. Il doit vous permettre d'honorer une facture exceptionnelle. Peu importe la forme et le lieu où vous le conservez, mais dissociez-le des autres fonds.

VIVRE EN DESSOUS DE SES MOYENS

La deuxième et dernière astuce consiste à dépenser au maximum 70 % de son salaire net chaque mois. Si vous pensez que c'est impossible, revoyez votre jugement. Il est parfaitement possible de ne dépenser que 50 % voir 60% de son salaire. Pourquoi agir de la sorte ?

Premièrement, pour pouvoir faire face aux aléas de la vie. Par exemple si vous perdez votre emploi et que vous recevez des prestations de compensation. On ne vous rémunèrera pas à hauteur de votre salaire mais bien plus bas. Selon les pays la rémunération s'élève à 60 % de votre salaire. Il est ainsi possible de continuer à vivre normalement dans cette situation tout en subvenant à ses besoins.

Deuxièmement, pour pouvoir financer des projets. En vivant sous ses moyens, on peut épargner de grosses sommes d'argent. Même si cela paraît impossible, je vous garantis que c'est faisable, c'est juste une question de motivation. Faites le test personnellement. Forcément, si vous avez adopté cette attitude depuis le début de votre vie salariée, ce sera plus simple que si vous avez toujours vécu au niveau ou au-dessus de vos moyens. Adoptez cette nouvelle philosophie de vie, cela vous permettra d'investir dans plusieurs projets en vue d'atteindre votre autonomie financière, sans pour autant sacrifier tous les plaisirs de la vie.

Il y aura probablement un temps d'adaptation à ce « revenu résiduel » réduit. Mais à force d'habitude, votre niveau de vie sera modifié en fonction.

CONCLUSION

Au final, avoir un budget équilibré vous permettra d'épargner de l'argent, d'assurer une sécurité financière durant les mois difficiles et de donner une meilleure image de vous à votre banquier – utile en cas de besoin de financement, tout en conservant la plupart de vos habitudes, nécessaires à votre bien-être.

Savoir gérer son budget suppose une rigueur de tous les instants et une forte volonté. Cela ne signifie pas être radin mais c'est nécessaire pour ne pas être à découvert chaque mois, car les dettes s'accumulent souvent et le surendettement peut toucher n'importe qui. Vous devrez consentir de petits sacrifices dans le but d'être, rapidement, plus à l'aise financièrement.

PRIVILÉGIER LES ACTIFS OU LES PASSIFS ?

Abordons désormais la question des actions à mettre en œuvre pour pérenniser son compte en banque tout en investissant dans l'immobilier.

Elles sont une alternance de hauts et de bas, d'avantages et d'inconvénients, de moments calmes et de moments stressants. La fluctuation règnera en maître. Ce sera également le cas du choix à effectuer sur chaque type d'investissement : actif ou passif ?

Pour mieux comprendre, explicitons ces deux termes :

- l'actif crée du revenu ;

- le passif coûte de l'argent.

De ce fait, l'enrichissement passe par deux prérequis importants :

- privilégier les actifs et bannir les passifs ;

- ne jamais financer des passifs par un emprunt bancaire.

Le premier prérequis suppose donc de bien faire la distinction entre ces deux notions. Pour y voir plus clair, citons quelques exemples concrets :

- l'investissement immobilier, sous réserve de louer les biens, est un actif (dans le cas contraire, c'est un passif) ;

- une voiture est un passif ;

- les crédits et cartes de paiement « en plusieurs fois » sont des passifs ;

- les placements boursiers sont des actifs ;

Vous l'aurez compris, il peut être difficile de supprimer tous les passifs de sa vie, mais il faut les limiter au maximum !

Explicitons enfin le deuxième prérequis. En partant du principe qu'il faut limiter les passifs, comprenez vraiment leur côté nocif. Comme les crédits sont des passifs et qu'une voiture par exemple en est aussi un, financer le deuxième avec le premier rend les choses vraiment délicates pour ne pas dire dangereuses. On freine ainsi nos capacités d'investissement immobilier et donc d'enrichissement. Donc, les crédits devraient servir uniquement à financer des actifs !

ON FAIT TOUS LA MÊME ERREUR

Cette erreur, on l'a tous faite, ou presque, par exemple dans le cas de la voiture. En effet, on croit toujours qu'en achetant de grosses voitures en souscrivant un crédit, en en changeant souvent et en la revendant à bon prix, on ne perd pas d'argent. Autant le dire tout de suite, cette croyance est erronée. En effet, cette pratique vous endette et donc réduit votre capacité de financement, ce qui rendra votre banquier frileux.
Donc, même si vous adorez les voitures, n'en faites pas une priorité ! Visez plus petit, moins cher, vivez légèrement en-dessous de vos moyens et surtout, payez comptant.

Ce principe est valable pour n'importe quel achat. Conservez votre capacité d'endettement intacte en vue d'investir dans l'immobilier, le but que vous vous êtes fixé. C'est le seul moyen de vous enrichir à terme. Payez comptant en gardant toujours de l'argent de côté, que vous pourrez épargner puis investir dans vos projets immobiliers.

IL N'EST PAS TROP TARD POUR BIEN FAIRE

Si vous avez déjà contracté un ou plusieurs crédits pour financer des passifs, ne vous inquiétez pas, il n'est pas trop tard. On fait tous des erreurs, mais il est temps de les réparer.

Pour cela, utilisez une partie de votre épargne pour rembourser vos crédits à la consommation par anticipation. Ne le faites pas n'importe comment. Consultez bien vos conditions générales et actionnez les bonnes techniques. Les petits crédits se remboursent facilement, les plus gros devront peut-être être regroupés ou voir leur mensualité augmenter.

Ne conservez aucune carte de crédit renouvelable et affranchissez-vous des paiements différés ou en plusieurs fois. Ces dettes nuisent à votre capacité d'investissement. Il faut vous en débarrasser.

Cherchez bien dans vos placards ou votre grenier. Vous possédez sans doute des objets de valeur dont vous ne vous servez absolument plus. Vendez-les pour récupérer de l'argent rapidement. Il vous permettra de vous aider dans la première étape de remboursement des crédits en cours. Lorgnez également du côté de vos résidences secondaires ou voitures. En avez-vous vraiment l'utilité ? Leur taille est-elle adaptée à vos besoins ? Triez par le vide, vous avez certainement besoin de cet argent dormant pour vos investissements à venir ou votre épargne. Privilégiez l'actif au passif !

QUELQUES SECTEURS D'INVESTISSEMENT INTERESSANTS.

LE FINANCEMENT PARTICIPATIF IMMOBILIER

Le financement participatif se définit comme l'ensemble des « outils et méthodes de transactions financières qui font appel à un grand nombre de personnes afin de financer un projet. »

Ce principe peut s'appliquer à l'immobilier, ce qui implique :

Soit de cofinancer un programme immobilier ;

Soit de réaliser un investissement locatif à plusieurs sans connaître les autres investisseurs.

Plusieurs plateformes existent sur Internet. Elles offrent la possibilité au public d'accéder à des rendements excellents en investissant seulement quelques centaines ou milliers d'euros.

Sur la base des informations fournies par ces plateformes, l'épargnant choisit un programme en espérant obtenir un rendement compris entre 6 % et 15 % sur une durée moyenne de 2 à 7 ans. Ces rendements, apparemment élevés, sont dus au fait que les risques le sont également, comme nous le verrons par la suite.
Dans tous les cas, le promoteur concerné par le projet financé disposera d'une manne financière importante qui lui permettra de mener son projet à terme.

Chaque investisseur se partagera les bénéfices ainsi récupérés.

DES PROJETS PLUTOT RISQUES

Malgré le succès grandissant de ces projets, il ne faut pas se laisser berner par les rendements promis. En effet, il s'agit de rendements théoriques mais non assurés. Il faut donc se méfier et bien comprendre dans quoi on s'engage.

En effet, dans le cas du financement participatif, les faillites de sous-traitants dans l'immobilier sont légion, ce qui occasionne des allongements de délais de livraison des logements et donc des coûts revus à la hausse. De même, il est tout à fait plausible que les biens ne soient pas loués immédiatement. Le promoteur baissera donc le montant du loyer. Tous ces éléments font que le rendement chutera, voire deviendra déficitaire. Dans ce cas, l'internaute aura perdu de l'argent et ne récupérera même pas toute sa mise de départ.

Précisons également que dans ce type de projets, les associés peuvent être indéfiniment responsables des dettes, c'est-à-dire qu'il est possible de perdre plus d'argent qu'investi initialement. Pour éviter les pièges, mieux vaut bien lire les conditions du projet.

COMMENT REUSSIR ?

Afin de se prémunir au mieux des risques inhérents à ce type de projets et maximiser les rendements, je vous propose quelques clés pour réussir.

Tout d'abord, assurez-vous que la plateforme fasse le nécessaire en vue de réduire les risques, notamment une sélection des projets qui lui sont soumis. Et ce, avant d'investir le moindre centime. Par exemple, assurez-vous que le promoteur a déjà obtenu son prêt bancaire et son permis de construire et que son niveau de pré-commercialisation dépasse les 30 % des logements.

Par ailleurs, accordez une attention particulière au statut de la société créée pour financer un projet. Il ne faut pas que le risque s'étende au-delà de votre mise de départ, évitez donc les statuts qui prévoient une responsabilité indéfinie d'un associé envers les dettes des autres.

Profitez également de l'expérience des personnes pour qui cela a été fructueux, en vous inscrivant sur un forum dédié. Vous pourrez y poser vos questions et obtenir des réponses claires.

Pour finir, il est raisonnable de penser que le phénomène de financement participatif immobilier continue son essor à l'avenir. Les rendements espérés séduisent en effet de nombreux particuliers alors que les supports classiques d'épargne ont des taux très bas. Malgré les risques élevés, si vous prenez quelques précautions, ces solutions pourraient très bien vous apporter de beaux rendements.

L'INVESTISSEMENT À L'ÉTRANGER

Sautez le pas, réalisez des investissements à l'étranger. En effet, l'espace Schengen et la mondialisation rendent possible tout investissement immobilier en dehors du territoire national. Les Français l'ont d'ailleurs bien compris puisqu'ils le pratiquent depuis une vingtaine d'années, avec un essor accru depuis 2010.

En effet, si à Paris le prix du mètre carré vaut environ 11 000 €, il faut compter environ 4 900 € pour le même mètre carré à Lisbonne et 4 100 € à Barcelone. Méfiez-vous cependant : toutes les villes ne se valent pas. Vous devez absolument faire attention à l'emplacement, et plutôt trois fois qu'une.

Plusieurs questions sont à traiter avant d'investir à l'étranger. Quels en sont les avantages et les limites, quelles sont les formalités, la fiscalité et les sanctions, quels sont les différents types de placements ? Certains placements peuvent être performants, mais pas pour des raisons fiscales.

Le meilleur moyen de ne pas se tromper est de connaitre la ville en question. Rendez-vous y personnellement, afin de surveiller les spécificités locales. Aussi, mon conseil est de bien vous entourer. Faites appel à un notaire spécialisé dans la gestion de patrimoine, un agent immobilier expérimenté, qui sauront vous expliquer toutes ces règles propres à chaque pays.

DÉPASSER LA PEUR DE SE LANCER

Le secret est de comprendre et analyser ses peurs, pour pouvoir les dépasser. Elles ne doivent pas être un frein à vos projets.

L'erreur est humaine, ne la redoutez pas. Soyez sûr de vous. Si vous n'aviez pas peur, vous seriez quelqu'un d'inconscient qui irait droit dans le mur. Il existe toujours un risque à investir, mais vous devez mesurer ce risque et l'apprivoiser. Si vous anticipez les éventuels problèmes qui se dresseront devant vous, vous devriez pouvoir les résoudre facilement avant qu'ils ne deviennent des catastrophes.

SI C'ÉTAIT AUSSI SIMPLE !

En réalité, tout le monde le fait déjà. La preuve, s'il y a des biens à louer, c'est qu'il y a forcément des propriétaires. Mais comme toujours, la majorité de la richesse est détenue par une minorité de personnes.

Si vous souhaitez faire partie de ce cercle de personnes riches, conformément à votre objectif, lancez-vous dans l'aventure. Ignorez les regards, les critiques, les doutes de vos proches. Ils n'osent pas en parler avec vous car ils ne savent pas comment exprimer leur opinion, mais vous ressentez leur jugement à votre égard.

Du coup, pour leur prouver que leurs croyances sont erronées, faites le premier pas et fréquentez d'autres investisseurs, qui vous aiguilleront dans vos débuts. Nos fréquentations forgent en partie qui nous sommes. Si vous côtoyez des gens positifs et qui réussissent financièrement, cela vous donnera l'élan pour parvenir à votre objectif de richesse.

Bien sûr, les débuts seront compliqués. Vous vous sentirez comme écrasé par ce nouvel entourage qui a déjà tellement d'avance sur vous dans le domaine de l'investissement immobilier. Si vous souhaitez rattraper le retard sur eux, vous devrez mettre les bouchées doubles et investir davantage sur vous-même, en vous formant régulièrement par exemple. Vous vous surprendrez sans doute à investir en formation des montants plus élevés que votre dernière fiche de paie obtenue en tant que salarié. Cette méthode, vous le verrez, portera ses fruits à terme.

Quels que soient les montants que vous êtes disposé à investir, entourez-vous des bonnes personnes. Celles qui comprendront votre projet pour en avoir un similaire. Celles qui sont positives et constructives, qui vous tireront vers le haut. Soyez motivé, réfléchissez avant d'agir mais agissez, faites preuve d'un bel état d'esprit et apprenez. Vos revenus augmenteront ensuite.

UNE RÉELLE DIFFÉRENCE

Il existe une réelle différence entre l'immobilisme et l'action. Celui qui met des actions en place jauge la situation sous ses aspects positifs et négatifs puis s'exécute. Il ne regarde pas en arrière et va jusqu'au bout de sa démarche. Il performe ! Tandis que le rêveur n'avance pas. Il n'ose pas mettre ses rêves en action. Il fait du sur-place.

Vous qui lisez ses lignes n'êtes pas ou plus dans l'immobilisme : vous avez déjà initié la démarche de l'action et cela vous rend déjà différent. Au fond de vous, vous analysez déjà chaque situation qui se présente à vous et commencez à entrevoir des possibilités d'avancées. Vous ne soupçonniez pas cette soif d'action, mais désormais vous ne voulez que l'assouvir.

Vous doutez certainement encore un peu et c'est parfaitement normal. Vous vous questionnez sur un tas d'éléments fondamentaux. Je ne répondrai pas de façon chiffrée pour le moment. Non pas que les chiffres ne soient pas importants, mais ils ne sont pas primordiaux pour commencer. L'objectif est simplement de vous faire prendre conscience de ce que vous pouvez réaliser. Commencez par les fondations et bâtissez par-dessus. Rien ne vous servirait de connaître les détails financiers de l'investissement immobilier avant même d'avoir des impôts à payer dessus.

Si vous devenez un investisseur, vous paierez plus d'impôts, mais cela montrera à quel point vous avez réussi. Votre banquier ne s'y trompera d'ailleurs pas. Toutefois des techniques existent pour diminuer vos impôts de manière très efficace.

Aussi, avant de connaître le montant futur de vos impôts, estimez simplement leur ordre de grandeur : peu, moyennement, beaucoup ? Tout dépendra des loyers que vous gagnerez et donc de votre richesse. À vous de vous faire une idée globale de ces montants, sans les calculer précisément. Au fil du temps, cela deviendra automatique et ne vous demandera pas de temps de calcul important. Votre cerveau connaîtra l'aspect financier juste en voyant le bien.

De ce fait, comment se caractérise la motivation vers le passage à l'action. Le plus simple est de ne pas tout faire d'un coup. Divisez votre action en plusieurs petites actions et réalisez-les au fur et à mesure. La montagne vous paraitra ainsi moins difficile à gravir et vous aurez moins de risque de vous décourager. Aussi, consultez régulièrement les petites annonces. Déclenchez une visite hebdomadaire par exemple, pour mieux vous rendre compte. Ainsi nait le premier pas, qui vous emmènera vers les sommets.

SE RASSURER PAR UN APPRENTISSAGE

« C'est en forgeant que l'on devient forgeron ». Ce célèbre adage s'applique également à tout investisseur immobilier rentable. Une fois les bons principes acquis, il suffit de continuer à les appliquer. Avec l'expérience viendra même l'anticipation, un outil redoutable s'il est bien utilisé !

Évidemment, « la patience est la mère de toutes les vertus ». Cet autre adage vous rappelle que, si vous ne vous sentez pas suffisamment prêt, prenez le temps ! Aguerrissez-vous avant de vous lancer dans le grand bain !

De toute manière, rien qu'en lisant ce livre, vous serez déjà en avance sur la plupart des personnes. Donc le chemin à parcourir sera d'autant plus simple. Même si l'on pourrait épiloguer pendant des jours, l'essentiel y est présent et constituera une base solide sur laquelle vous pourrez vous appuyer.

... QUI DOIT ÊTRE INTELLIGENT

Cependant, il faut faire attention aux acquis que l'on cumule. Est-on sûr de leur véracité, de leur légalité ? Partir sur de mauvaises bases pourrait mettre en péril votre projet et se faire avoir par des personnes peu scrupuleuses. Vous devez donc vous instruire et rester en veille sur le sujet de l'immobilier !

J'irais même plus loin en prétendant que vouloir gagner du temps et de l'argent au début vous jouera des tours et vous en fera perdre davantage par la suite. Ne lésinez donc pas sur les conseils. Investissez toujours en connaissance de cause afin d'éviter les déconvenues.

INVESTIR NE S'APPREND PAS SUR LES BANCS DE L'ÉCOLE

C'est malheureusement vrai, mais vous pouvez apprendre en autodidacte, en vous entourant de personnes compétentes en la matière. Cet ouvrage fait d'ailleurs partie de votre parcours.

L'avantage de l'immobilier, c'est qu'il peut accroître votre patrimoine en un éclair. Vos revenus vont augmenter mais vous devez pour cela connaître tous les rouages et vous améliorer sans cesse. Les erreurs commises peuvent en revanche être lourdes de conséquences. De ce fait, réfléchissez toujours avant d'agir, comprenez la portée de chacun de vos actes. Pour cela, appliquez simplement les règles qui fonctionnent, nul besoin d'une intelligence supérieure. Les meilleurs investisseurs ne sont pas forcément les plus intelligents, ce sont surtout les plus malins.

Tout d'abord, comprenez votre marché. Utilisez ses particularités au mieux, ne faites pas comme tout le monde. Prenez le marché que vos concurrents ont délaissé, s'il reste intéressant pour vous et s'accorde avec vos objectifs. Commencez par l'identifier et analysez-le : qui y vit, quelles sont les commodités, existe-t-il un bassin d'emploi à proximité ?... Si vous connaissez tout ça, vous en déduirez votre cible de locataires et donc le bien à acquérir pour les satisfaire. C'est toujours l'adéquation entre votre offre et la demande qui fera que votre bien sera loué rapidement ou pas, bien avant les considérations tarifaires ou sa qualité.

UNE COURSE D'ENDURANCE ET NON UN SPRINT

Rien ne sert de courir, il faut partir à point. Ne vous lancez pas éperdument dans l'aventure de l'investissement immobilier. Prenez le temps de trouver la bonne affaire, dont la rentabilité est excellente. Vous en trouverez facilement.

Vous seul pouvez appréhender votre rythme de recherche. Ne laissez personne vous mettre la pression. Soyez suffisamment fier de votre investissement pour le garder plusieurs années, voire décennies. Le marché évolue sans cesse, que vous en fassiez partie ou non. Ainsi va l'immobilier, quoi que vous fassiez ou décidiez.

C'est en acquérant de l'expérience que vous saurez vous adapter à chaque fluctuation du marché, pour en tirer le meilleur parti.

HABITUDES, AMBITIONS ET ACTIONS

Pour débuter, il n'y a pas de recette miracle ni de meilleure façon de faire plutôt qu'une autre. Vous pouvez acquérir un studio ou un immeuble complet. C'est votre budget et votre objectif qui guideront ce choix. Le fait de vous former actuellement indique déjà que vous prenez votre destin en main et que vous êtes ambitieux.

D'aucuns ne comprendront pas ce que vous entreprenez et ne vous suivront pas, que ce soit votre banque, les agents immobiliers, vos proches… Tant pis, ne vous y fiez pas !

Quand certains investisseurs cherchent à prospérer continuellement, d'autres achètent les biens dont personne n'a voulu, soit par dépit soit par défaut, par habitude.

Pourtant, les habitudes peuvent être puissantes, parfois plus que le labeur et le souhait de réussir. Votre expérience vous l'a d'ailleurs peut-être déjà enseigné.

Il vaut mieux avancer avec des petits pas qu'avec un seul grand pas. C'est en vous habituant à faire des petites avancées que vous deviendrez efficace. Faire un seul grand pas de temps en temps aura plus de risque de vous décourager.

Ces petits pas sont faciles à définir : consultez quelques annonces chaque jour, puis sollicitez des visites. Par habitude, vous verrez bientôt ce que vous ne voyiez pas avant. Quand vous serez expérimenté, faites une offre et négociez. La première fois peut être difficile, mais il faut un début à tout !

Avec le temps viendra donc l'habitude et chaque étape ainsi expérimentée vous paraîtra plus facile. La peur de se lancer vers l'inconnu, les crampes après un effort, tous ces tracas disparaissent une fois que l'activité en question est connue et maîtrisée. C'est exactement pareil pour l'investissement locatif. Et en général, faire le grand saut représente une grande satisfaction et rarement un regret. C'est donc de l'action que naît l'habitude. C'est également l'action qui inhibe la peur, celle de la première fois notamment. La peur nous tétanise, nous empêche de réfléchir correctement, d'avancer. La vaincre est donc primordial et ouvre les portes de l'impossible.

LE CHOIX DES BIENS

Pour parvenir à développer vos projets, concentrez-vous sur des biens à prix très bas, voire en dessous du prix du marché. Pour cela, je vais vous exposer quelques techniques.

Tout d'abord, choisissez un bien qui a été mal estimé. Rares, ils disparaissent du marché en quelques jours. Soyez attentif et réactif ! La meilleure méthode est de connaître déjà votre capacité de remboursement : demandez une estimation à votre banque avant toute recherche. Ainsi, vous saurez d'emblée quelle somme vous pourrez investir. Cela ne garantit pas que le prêt sera accordé, mais dans tous les cas vous savez que vous ne pourrez pas demander davantage.

Scrutez aussi les vendeurs pressés. Ils seront plus aptes à négocier le prix à la baisse. Les situations aboutissant à cette urgence sont nombreuses : séparation, succession, famille qui s'agrandit. Pour vous, ce sont autant d'occasions pour faire de bonnes affaires.

Essayez de détecter un potentiel caché. Il n'est pas rare de sous-estimer le potentiel réel d'un bien immobilier, par manque d'imagination. Parfois, une simple transformation ou adaptation d'un bien peut augmenter sa rentabilité : diviser de grandes surfaces en petits appartements, aménager des places de stationnement ou des combles... Toutes ces idées rendront votre bien attrayant et plus rentable.

LE MARCHÉ

Définissez le marché de la location sur le secteur que vous convoitez. Vous connaissez votre budget, votre objectif, mais le choix du type d'investissement dépend du marché et du lieu.

Par exemple, un achat dans une ville universitaire sera a priori plus pertinent s'il porte sur un studio ou un 3 pièces, proche des commerces et des transports. Ou, pour le cas d'une ville balnéaire, vous devrez peut-être privilégier un balcon avec vue sur mer.

En résumé, étudiez votre marché avant de sélectionner votre cible. Il se définit comme la cohérence entre l'emplacement et le public visé.

Je n'ai pas de conseils particuliers à vous donner pour le sélectionner. Le marché sera vraiment propre à chaque secteur et à votre objectif. Posez-vous des questions pertinentes :

- Qui sont les consommateurs ?

- Qui sont les potentiels locataires ?

- Quelles commodités sont-elles présentes à proximité ?

Si vous parvenez à définir précisément votre locataire type, vous pourrez mieux sélectionner le bien. L'environnement est important : vous aurez plus de mal à louer un 5 pièces dans un quartier étudiant qu'un studio. Ou alors, envisagez une colocation.

Le secteur que vous convoitez est-il touristique ? Quelle y est la demande en logement ? Importante, saisonnière ? La présence d'une usine importante pourra vous garantir des locations faciles, mais que va-t-il se passer si l'usine ferme ? Le secteur comporte-t-il uniquement des appartements, des maisons ? S'il y a beaucoup de commerces, les parkings sont-ils en nombre suffisant ?

Connaître les réponses à toutes ces questions à un double intérêt. Non seulement vous connaîtrez précisément votre cible, mais en plus vous aurez des arguments pour négocier le prix d'achat du bien. Chaque point négatif vous permettra de le faire baisser, augmentant ainsi votre rentabilité.

ACHETER À PROXIMITÉ DE VOTRE DOMICILE

Pour des raisons relativement évidentes, il vaut mieux acheter près de chez vous. En effet, cela vous permet premièrement de connaître le secteur mais également d'être réactif en cas de souci, surtout si vous gérez vous-même la location. Si vous habitez trop loin et que vous devez faire face à une urgence, cela sera générateur de stress pour vous et vos locataires et sera chronophage à plus d'un titre. Sans compter que cela pourrait mettre vos locataires dans l'embarras et créer des conflits entre eux et vous. Bien entendu, la plupart du temps, vous pourrez résoudre les petits désordres à distance, mais les quelques fois où un déplacement sera nécessaire, vous serez rassurés d'être à distance raisonnable.

En ce qui concerne le bien à proprement parler, ne négligez aucun détail. Mettez-vous à la place de vos futurs locataires. De quoi ont-ils besoin ? De calme ou au contraire d'un quartier dynamique, d'une place de parking, de transports en commun, de commerces à proximité, de lieux de loisirs ? L'emplacement dépendra de chacune des réponses à ces questions ainsi que du profil du locataire : étudiant, jeune couple, couple avec enfant(s). Prenez donc le temps de réaliser des visites, nombreuses, en pesant bien le pour et le contre. Plus vous aurez réfléchi à votre achat, plus vous comprendrez les besoins de vos futurs locataires.

Par la suite, lorsque vous aurez acquis de l'expérience, vous pourrez commencer à chercher des biens plus loin, plus exclusifs, dans la mesure où vous saurez déjà gérer pas mal de problèmes à distance. Ce n'est qu'à ce stade que vous pourrez chercher à augmenter la rentabilité de vos biens, comme tout Investisseur. Deux options s'offriront alors à vous : soit vous laisserez vos biens en gestion, quitte à perdre légèrement en rentabilité, soit vous vous rendrez disponible pour résoudre les éventuels problèmes durant les locations. Seul le temps vous permettra d'acquérir l'expérience nécessaire à faire ce choix.

L'IMMEUBLE

Il est tout à fait possible d'acquérir un immeuble entier dès le départ, mais il faut bien préparer son dossier financier et travailler davantage. En effet, il y aura plus de travaux à gérer, plusieurs appartements à louer, et donc des locataires plus nombreux à trouver. Ce qui suppose également des visites très fréquentes et donc du temps à y consacrer. Tout cela demandera de l'investissement et pas seulement pécuniaire. Soyez-en conscient dès le départ pour éviter les déconvenues. Sans oublier le côté administratif, assez lourd à mettre en place.

De fait, restez modeste quant à la taille de l'immeuble. Quand vous annoncerez à votre entourage que vous avez acquis un immeuble, tous s'imagineront une énorme tour. Mais il en existe des beaucoup plus petits, que vous pourrez parfaitement vous offrir, même au début de votre carrière d'investisseur. Des petits ensembles de deux ou trois lots ne valent pas forcément plus cher qu'un seul appartement, à vous de les trouver.

Ce type d'acquisition, comme les autres, possède bien évidemment ses avantages et ses inconvénients :

- Tous vos biens seront proches les uns des autres, ce qui facilitera votre gestion par la suite. Pas besoin de courir partout pour gérer vos locataires en cas de besoin.

- Les premiers locataires auront la primeur de pouvoir choisir l'appartement qui leur convient le mieux.

- Vous pourrez mutualiser les travaux et ainsi obtenir des remises sur les devis.

- Vous serez l'unique interlocuteur, aucun syndic à gérer et donc pas de frais associés, aucune assemblée générale ni de copropriétaires. Une liberté appréciable sur ce point.

- Les charges seront réparties différemment, vous aurez l'impression qu'il y en a moins. Dans les faits, vous devrez payer la totalité des travaux dès lors qu'il y en aura à effectuer, vous ne pourrez pas les répartir entre les copropriétaires. Vous devrez donc anticiper les gros travaux et les provisionner pour ne pas vous laisser surprendre. Mais vous aurez aussi l'avantage de choisir seul vos entrepreneurs, et donc le meilleur prix.

- Ce sera à vous de réfléchir à améliorer le bâtiment, en trouvant les potentiels cachés (des combles, des garages à proximité…). La rentabilité de votre immeuble pourrait encore croître si vous pouviez mettre à profit tout ce potentiel dormant. Et comme vous êtes seul, personne ne pourra vous empêcher de le faire !

- Vous êtes plus exposé aux risques financiers. En cas de grosses dégradations, dus à un sinistre par exemple, vous devrez tout assumer seul.

- Vous risquez d'acheter alors que des locataires habitent déjà l'immeuble. Vous ne pourrez pas de ce fait les sélectionner et cela pourrait vous attirer des ennuis s'ils ne sont pas la cible que vous espérez. Toutefois, vous aurez dans ce cas une marge de manœuvre supplémentaire lors de la négociation du bien. Si des locataires déjà présents sont de mauvaise compagnie, cela pourrait également mettre à mal l'ambiance générale dans votre immeuble et donc nuire à la satisfaction de vos autres locataires. Vous devrez donc vous employer pour trouver une solution rapide et durable.

RÉALISER UNE PREMIÈRE SÉLECTION AVANT DE VISITER

Même si c'est un travail de longue haleine et qui demande beaucoup d'efforts, cette présélection est primordiale et surtout efficace à court ou moyen terme. Toutefois, il faut agir vite car les meilleures affaires sont en général éphémères. Il faut donc s'y tenir consciencieusement.

Et l'outil indispensable pour vous aider dans cette tâche, c'est Internet. Appréhendez-le donc suffisamment rapidement si ce n'est pas déjà le cas ! En effet, la plupart des annonces, de nos jours, y transitent. Il faudra donc investir du temps dans la recherche et faire du tri rapidement pour ne pas se laisser dépasser et risquer de manquer LE bien.

Je vais donc vous donner quelques informations pour vous épauler dans cet apprentissage. Tout d'abord, il faut limiter la zone géographique de recherche, comme déjà expliqué dans le précédent chapitre. Dans les recherches, appliquez donc un filtre sur le territoire de votre commune ou dans un rayon très limité alentour.

Ensuite, et enfin puisque c'est le dernier conseil, fixez-vous un plafond de prix. Ne visez pas au-dessus de vos moyens, vous perdriez votre temps.

Le type de bien est à votre discrétion, c'est une question de goût, d'envie, de besoin, voire même parfois d'opportunité ! Vous êtes seul juge de votre désir de maison, d'appartement ou de tout autre type de bien.

Autre point important : effectuez votre première recherche dès le réveil ! Vous verrez ainsi les annonces postées dans la soirée voire la nuit. Refaites une recherche après le déjeuner, pour consulter les biens publiés dans la matinée ; vous n'aurez ainsi pas à vous préoccuper des annonces de la nuit car déjà vues le matin. Et enfin, faites un dernier contrôle avant de vous coucher, pour les mêmes raisons que précédemment. En procédant ainsi, par périodes découpées, vous devriez ne rater aucune annonce et cela vous prendra moins de temps à chaque fois. Par ailleurs, vous devriez être parmi les premiers à appeler pour le bien qui vous intéresse !

CONNAÎTRE LE PRIX DU MARCHÉ

Pour dénicher les bonnes affaires, vous devez connaître le prix de votre marché. Il existe des recensements de prix du marché immobilier publiés par les notaires. Mais le délai de parution est trop long, ces recensements sont peu précis et le marché évolue vite. Vous ne pourrez pas vous y fier. Aussi, sur le secteur que vous visez, chaque annonce, chaque visite doit vous permettre d'affiner votre connaissance de la valeur du bien. Si, par ailleurs, vous voyez qu'une annonce est désactivée rapidement, il est fort probable que ce soit une bonne affaire. Restez attentif à ces indices, cela vous aidera dans votre expertise du marché que vous convoitez.

De cette manière, vous serez bientôt capable d'estimer vous-même les biens. Et les bonnes affaires se révéleront d'elles-mêmes. Cela vous évitera d'effectuer nombre de visites inutiles. Vous pourrez faire une sélection juste avec l'annonce. Vous gagnerez en temps et en efficacité. Prenez le temps, l'objectif n'est pas d'avancer vite mais d'avancer prudemment pour trouver LE bien que vous recherchez. Ne vous découragez pas ! Peut-être que la première visite ne sera pas d'actualité avant un long moment, en fonction de vos critères, des biens disponibles à un instant t et de la valeur de votre marché ; peut-être également que vous en ferez plusieurs sans aucune option d'achat. Soyez patient ! Votre bien se trouve forcément au bout du chemin. Votre investissement se concrétisera dans plusieurs semaines ou plusieurs mois, mais prenez votre temps pour ne pas céder à la première fausse bonne affaire que vous regretteriez.

Il existe plusieurs sites de petites annonces, il existe même des petits magazines spécialisés. Ne perdez pas trop de temps avec ces autres supports.

SORTEZ DE VOTRE COQUILLE

Vous l'avez compris, le marché que vous visez n'est pas celui qui existe en tant que tel. Il correspond à vos propres critères et à votre propre cible. Ne pensez pas comme les autres. Pour cela, il existe des stratégies que je vais vous exposer.

Tout d'abord, préférez les biens dont l'offre est supérieure à la demande. Pourquoi ? Parce que vous aurez une plus grande marge de négociation. Et qu'une fois acquis, vous aurez la main sur ce que vous voulez en faire ; c'est là qu'il faudra se démarquer, par la qualité notamment. Lorsque les locataires voudront comparer les nombreux biens du secteur, si le vôtre se détache des autres, vous aurez réussi à le convaincre de louer le vôtre. Montez en gamme même si le loyer est plus élevé, toutes proportions gardées. Il vous suffit de proposer mieux que vos concurrents et le tour sera joué. Et parfois, la qualité de certains biens est si médiocre que vous n'aurez aucun mal à convaincre vos futurs locataires.

Par ailleurs, pour dénicher le bien qu'il vous faut, ne négligez pas votre réseau. Les petites annonces sont consultées par beaucoup de monde, mais votre réseau connaît certainement des biens à vendre qui ne sont pas encore publiés. Ayez-en la primeur pour pouvoir visiter le premier. Même si vous ne connaissez que peu de monde dans votre réseau, interrogez des agents immobiliers « par hasard » ou au bénéfice d'une visite. Expliquez-leur que vous cherchez un type de bien en particulier ; s'ils en ont un sous la main, ils n'ont pas de raison de ne pas vous en parler, leur objectif restant de le vendre le plus rapidement possible. Dans le cas contraire, si vous avez été suffisamment sympathique et convaincant, ils vous rappelleront plus tard.

Soyez également réactif. Si vous détectez, sur une petite annonce, qu'un bien est sous-évalué, n'attendez pas, vous ne serez pas le seul. Le vendeur sera submergé d'appels et retirera son annonce rapidement. Ne laissez les autres visiter avant vous.

Dans tous les cas, le vendeur a souvent envie que son bien soit vite vendu. Aussi, plus vite vous visiterez, plus vous aurez de chance d'acheter. Cela fonctionne pour les particuliers et les agences. Aucun n'a intérêt à ne pas vendre un bien rapidement.

Si vous décidez d'acheter un lot en une seule fois (un immeuble complet ou plusieurs appartements), vous réaliserez une économie d'échelle.

Prêtez attention aux biens hors du marché, que peu de personnes recherchent. Le plus souvent, ce sont des ruines dont aucun investisseur ne veut. À vous d'imaginer comment vous pouvez les rendre attrayants et rentables. Dans la mesure où les investisseurs ne se bousculent pas, vous serez de plus en position de force face au vendeur. La négociation sera normalement facile à faire aboutir en votre faveur, car le vendeur sera heureux que quelqu'un se montre enfin intéressé.

Toutefois, au vu de la multitude de travaux à réaliser, le dossier sera long (de plusieurs mois à environ un an) et complexe à gérer. Vous devrez faire appel à plusieurs artisans de tous corps de métier, un maître d'œuvre, voire un bureau d'études. Faites faire des chiffrages pour mieux maîtriser votre budget.

À tout moment, si le projet vous échappe, n'hésitez pas à revendre le bien. Soyez donc sûr de votre investissement et de votre projet, le but n'étant ni de perdre de l'argent, ni de n'en gagner que très peu.
Prévoyez par ailleurs une épargne de réserve pour pallier les soucis éventuels sur le chantier, ainsi que du temps libre pour suivre les avancées et rester réactif en cas de problèmes.

Dans la mesure où le risque est accru, la banque vous suivra plus difficilement. N'envisagez donc, de préférence, ce type de projet qu'après avoir déjà accumulé de l'expérience dans l'investissement locatif, qui vous aura notamment permis de vous constituer une épargne intéressante, face à laquelle les banques sont plus réceptives. Mais un risque accru signifie en général un rendement élevé, ce qui est un juste retour au vu du temps que vous y consacrerez.

APPELER ET ORGANISER LES VISITES

Privilégiez le téléphone aux courriels. Vous en apprendrez davantage sur votre interlocuteur que par écrans interposés. Et il pourrait vous dévoiler par mégarde quelque information importante qui vous servira plus tard.

Une fois un bien correspondant à vos critères repérés, appelez le vendeur ou l'agence, n'attendez pas. Laissez un message si vous tombez sur la messagerie. Faites-en sorte, à ce propos, que celui-ci inspire de suite la sympathie ; si le vendeur fait un premier tri lorsqu'il voudra rappeler ses acheteurs potentiels, cela fera la différence. Présentez-vous, indiquez clairement votre intérêt pour le bien et laissez vos coordonnées.

Lorsque le vendeur vous recontactera pour vous donner des précisions sur le bien, n'hésitez pas à couper court si vous vous rendez compte que finalement, vous n'êtes pas intéressé. Ne perdez pas de temps inutilement.

Si vous aboutissez sur une visite, vous devrez libérer du temps pour l'honorer. En tant que salarié, cela ne sera pas si facile, car vous serez nombreux dans cette situation. Essayez autant que possible de vous libérer en journée et enchaîner plusieurs visites. Plus vous verrez de biens, mieux ce sera pour perfectionner votre connaissance du marché et nouer des contacts potentiellement utiles par la suite.
N'hésitez pas à échanger sur vos visites avec votre agent immobilier, peut-être détient-il un bien pas encore en publicité sur lequel vous pourrez obtenir la primeur. Ce sera un cas idéal car vous n'aurez alors aucun concurrent. Organisez donc une visite dans la foulée et faites votre analyse.

Vous ne pourrez acheter un bien que lorsque vous en aurez visité plusieurs. Cette étape est donc primordiale, n'hésitez pas à en organiser régulièrement. Plus vous verrez de biens, plus vous aurez de chances d'en acquérir un. Ces visites doivent vous permettre de vous faire une idée précise des biens en une seule fois. Regardez tout, dans le moindre détail, dans chaque pièce.

Si le bien ne vous plait pas, ne perdez pas plus de temps. Si votre interlocuteur est un particulier, remerciez-le poliment pour la visite. Dans le cas d'un agent immobilier, essayez de déceler l'existence d'un autre bien caché, comme vu précédemment.

En revanche si le bien vous plait, approfondissez votre connaissance à son sujet. Renseignez-vous sur :

- L'état général : toiture, façade, éventuelles cheminées, isolation thermique, exposition, clarté, parties communes, existence éventuelle d'un terrain ;

- L'état de l'intérieur : cuisine, salle de bains, murs, huisseries, plafonds, sols, énergies, type de ventilation, décoration, installations techniques, potentiel en termes d'aménagement ;

- Le mode de chauffage et de production d'eau chaude sanitaire ;

- Les charges à payer ;
- La copropriété : charges annuelles, derniers procès-verbaux d'assemblée générale, travaux prévus, carnet d'entretien ;

- Si le bien est déjà loué : le bail du locataire actuel, son ancienneté, une présentation de la ou des personnes, est-il un bon payeur ? Vous pouvez aussi demander à le rencontrer ;

- L'emplacement : quels sont les points d'intérêt alentour, son exposition au bruit, les places de stationnement possibles.

L'important est qu'en une visite, vous connaissiez suffisamment le bien pour pouvoir faire une offre de prix et mener une négociation. Enfin, projetez-vous sur le devenir du bien : vous pourrez peut-être l'aménager différemment pour réduire le nombre de pièces par exemple, en fonction de votre cible.

RESUMER LA SITUATION

Pour le cas où vous convoitez un bien, pensez à résumer sur un carnet, aussitôt après la visite, les points négatifs et positifs, les perspectives possibles, ce que vous en pensez globalement. Cela vous permettra ensuite d'avoir tous les arguments de négociation, sans prendre le risque d'en oublier ou de vous mélanger les pinceaux.

Cette habitude ne prend pas beaucoup de temps et présente un atout conséquent pour la suite. Vous pourrez notamment, grâce à cette méthode, vous poser des questions sur le bien, juste en utilisant vos notes. Ces questions pourront ainsi orienter une prochaine visite du bien ou un entretien avec le vendeur ou l'agence.

Enfin, pour le cas où le bien ne vous plait pas, inutile de prendre cette peine. Gardez simplement un historique pour pouvoir le comparer avec vos futures visites.

IL EST TEMPS DE SE LANCER DANS LES CALCULS !

Lors de la négociation, certains vendeurs useront de techniques connues pour vous dissuader de trop descendre le prix. Ils vous mettront la pression en prétextant de nombreux autres acheteurs intéressés, des offres déjà énoncées. Mais dans les faits, on vous a laissé visiter le bien, c'est donc qu'a priori il est toujours sur le marché ! Ne vous laissez pas intimider par ces arguments, qu'ils soient vrais ou faux.

De fait, seuls les chiffres (le prix d'achat et votre rentabilité notamment) comptent, ce sont eux qui doivent vous inciter à signer ou pas. Je vous indiquerai plus loin des méthodes pour faire la différence entre une affaire et une bonne affaire.

Voyons désormais les formules pour calculer la rentabilité sous plusieurs aspects.

LA RENTABILITE BRUTE

Elle se calcule en fonction du prix d'acquisition du bien et du loyer brut perçu annuellement :

$$= \frac{100 \times \text{loyer mensuel} \times 12}{\text{Prix d'acquisition du bien}}$$

À noter que, dans le prix d'acquisition, il faut inclure les frais annexes tels que notaire, agence immobilière, crédit…

Même si cette rentabilité brute est un indicateur très utilisé en tant qu'argument de vente, il ne prend en compte que les loyers et n'est donc pas représentatif.

La rentabilité nette de frais et de charges

Calculée également par rapport au prix d'acquisition, elle tient cette fois compte des frais d'entretien et de gestion du bien. En effet, logiquement, un investissement immobilier ne se fait pas sans autres frais en vue d'une location au prix du marché. C'est pourquoi la plupart de ces charges sont intégrées dans le calcul.

$$= \frac{100 \times \text{loyer mensuel} \times 12 - (\text{taxe foncière} + \text{charges non récupérables} + \text{frais de gestion})}{\text{Prix d'acquisition du bien}}$$

Les charges non récupérables sont par exemple les loyers non perçus durant une vacance locative (on considère un mois tous les trois ans), les travaux d'entretien courants, les frais de gestion et les éventuelles assurances 'loyer impayé'.

LA RENTABILITE NETTE

Elle est calculée pour sa part en tenant compte des recettes après impôts. Ce taux est le plus réaliste mais également le plus complexe à calculer dans la mesure où il dépend de la fiscalité du bailleur. Il est cependant valable uniquement si la situation de l'investisseur reste identique. De fait, un changement de situation sur les revenus, en positif ou en négatif, modifieront la rentabilité du bien.

Aussi, les différences entre les rentabilités brute et nette sont potentiellement importantes. J'insisterai toutefois sur le fait que le rendement n'est pas le seul critère à prendre en compte lors de l'investissement. Tout dépend en fait du but recherché : location, logement pour des proches, résidence secondaire ? Dans ces cas, il s'agit alors davantage de constitution d'un patrimoine, le taux de rendement sera donc secondaire. Sans compter que la revente peut vous apporter une plus-value très intéressante.

Il est important de savoir calculer votre rendement ainsi que votre fiscalité (qui entre en ligne de compte dans le calcul du rendement). En effet, ce sera le seul moyen pour vous de vous repérer en fonction de votre objectif, quel qu'il soit. Vous saurez également quel niveau de négociation de marge vous devez viser.

CALCULEZ VOTRE RENTABILITE

Si vous envisagez d'être dans la moyenne, vous ne parviendrez pas à vos objectifs. Vous devez être le meilleur, avec une rentabilité très importante. Vous pouvez viser les 12 % voire 14 %. Pour y parvenir, vous devrez vous employer autant que nécessaire.

Certains vous feront croire que 8 % c'est déjà quasiment impossible à atteindre, qu'ils ont un rendement de 5 % et que c'est déjà énorme. Je vous le dis tout net : au contraire, c'est le minimum ! Sauf si votre objectif se situe à ce niveau, sinon vous pouvez aller plus haut ! Bien entendu les taux ne sont pas les mêmes en fonction des pays.

Pour obtenir la meilleure rentabilité possible, vous allez devoir faire une sélection très poussée et négocier âprement lors des achats. Ce ne sera pas facile à mettre en œuvre tout de suite mais c'est possible, à force d'expérience notamment. Après tout, vous ne seriez pas le premier ni le dernier à atteindre de tels taux. Toutefois, ne vous focalisez pas sur un chiffre en particulier, car ce n'est pas assez palpable lorsque l'on débute. Ce qui vous importe pour le moment, c'est le montant de l'argent que vous allez dégager chaque mois.

Enfin, l'avantage lorsque l'on dégage une belle rentabilité, c'est qu'elle permet de faire tampon en cas d'erreur de parcours, par exemple des travaux sous-estimés ou en retard, une vacance locative qui dure un peu plus longtemps que prévu... Tandis qu'une rentabilité moyenne obligera à dépenser pour réparer, vous pourrez de votre côté continuer à investir. Plus vous aurez de biens en location, plus vous serez à l'abri financièrement face à ce genre d'imprévus.

NE PAS SE FIER AUX ÉMOTIONS

Le plus souvent, un prix bas augure un besoin de travaux. Lorsque vous aurez écumé toutes les ruines en vente, le moindre bien un peu propre et refait vous semblera luxueux, surtout si la vue depuis le balcon est imprenable. Vos sentiments positifs à son égard pourraient alors fausser votre jugement. Ne vous laissez pas attendrir pour autant, garder la tête froide. Cette vue en fait-elle un bien exceptionnel ? À la limite, cela en augmenterait le prix du loyer, mais tenez-vous en à cela.

Le seul élément qui compte dans un bien, c'est sa faculté à être recherchée par vos futurs locataires. Gardez à l'esprit que ce n'est pas votre résidence que vous allez acheter mais un bien à louer.

De ce fait, si vous ne visitez que des biens vraiment perfectibles pendant une longue période, mettez vos recherches de côté, le temps d'apaiser vos sentiments. Sinon vous risquez d'acheter le premier bien qui sort du lot, sans être objectif sur sa qualité intrinsèque. Cela doit être votre seule finalité dans vos recherches.

NE PAS SE FIER À L'INSTINCT

Pour éviter les déboires et tomber dans le piège du coup de cœur subjectif, fiez-vous à une liste écrite des critères que vous souhaitez pour votre investissement. Cela vous permettra de réaliser une comparaison fiable entre chaque visite.

Ne négligez aucun point, même si c'est fastidieux et chronophage. Scrutez chaque détail. En cas d'écarts avec vos critères, selon leur nombre et leur importance, vous pourrez peut-être simplement négocier le prix d'achat. Ils ne seront peut-être pas suffisants pour vous détourner du bien en question. Demandez des devis pour réparer ce qui doit l'être et faites-vous une idée plus précise.

FAIRE UN CHOIX

Une fois la visite effectuée, vous possédez suffisamment d'éléments pour pouvoir prendre une décision. Ils vous permettront notamment de calculer la rentabilité prévisionnelle.

Profitez-en également pour faire chiffrer les éventuels travaux par différentes entreprises. Avec l'expérience, vous saurez d'ailleurs le faire vous-même. Ces devis vous éclaireront peut-être sur des travaux que vous n'aviez pas remarqués.

En effet, lors d'une rénovation, les éléments peuvent s'imbriquer. Les artisans, de par leur compétence, vous donneront des idées auxquelles vous n'aviez pas pensé. Gardez toutefois la main sur ce qui doit réellement être réalisé. Et votre expérience vous y aidera.

Sollicitez au départ beaucoup d'artisans. Au fil des biens, au fil des travaux, vous commencerez à faire une sélection des artisans que vous préférez, les moins chers ou les plus compétents. Sur les prochains travaux, vous saurez ainsi qui appeler en priorité, ce qui simplifiera vos démarches.

SACHEZ FAIRE FACE AUX CHARGES IMPRÉVUES

Ces charges imprévues sont le grain de sable dans l'engrenage. Un moyen de s'en affranchir est de se méfier des copropriétés. En effet, les charges que cela occasionne peuvent s'avérer coûteuses à terme, surtout si l'immeuble est conséquent.

Avant d'acheter en copropriété, faites donc un premier diagnostic théorique du bâtiment, en demandant :

- Le carnet d'entretien.

- Les trois derniers procès-verbaux de l'assemblée générale.

- Le diagnostic technique.

L'ensemble de ces documents vous permettront de vérifier la bonne « santé » du bâtiment ainsi que la bonne entente des différents locataires et propriétaires, toujours dans l'optique d'éviter les mauvaises surprises.

Lors de la vente, si des travaux étaient programmés auparavant, ce sont les propriétaires présents lors du vote qui devront en assumer la charge financière. La répartition entre eux est légalement définie à ce moment, mais elle n'est pas forcément égale ou équitable. Il peut très bien y avoir un autre arrangement voté durant l'assemblée générale. Dans le cas contraire, c'est bel et bien la répartition légale qui s'imposera. Il faudra tout de même y prêter attention, car parfois on remarque des écarts… Demandez conseil à un spécialiste.

Toutefois, des travaux, vous en aurez quel que soit le bien, que ce soit de l'entretien ou des réparations courantes. Vous pourrez, dans ce cas et si besoin, faire appel à votre réserve financière, consciencieusement constituée en prévision. Si celle-ci est suffisante, vous devriez pouvoir faire face à tous les aléas, ceux-ci arrivant très rarement tous en même temps sur l'ensemble de votre parc. L'idéal est même d'épargner cette réserve, afin de profiter des intérêts. En revanche faites attention à ce que votre épargne ne soit pas bloquée, en fonction du support choisi.

NÉGOCIEZ

Vous pensez avoir repéré le bien que vous recherchez, votre réflexion et votre analyse ont été menées à leur terme et sont complètes. Le montant futur du loyer vous est désormais connu et vous connaissez votre rentabilité sur ce bien. Il est alors temps de passer aux négociations auprès du vendeur.

Quel que soit le montant demandé par ce dernier, la négociation est un passage obligé. Si vous pouvez obtenir une baisse, même minime, c'est toujours intéressant et une bonne affaire pourrait alors se révéler vraiment exceptionnelle.

Une négociation peut s'avérer très lucrative en très peu de temps. Ramenés sur une carrière d'investisseur complète, soit plusieurs décennies, cela peut représenter plusieurs centaines de milliers d'euros économisés et donc non dépensés. C'est un gain financier non négligeable.

Au vu de cette perspective, nous nous accorderons certainement sur l'absolue nécessité d'entamer des négociations. Tout ce que vous ne dépenserez pas lors de l'achat du bien, vous le capitaliserez dans votre patrimoine par la suite. C'est un jeu addictif mais c'est un jeu sain. Le vendeur ne vous en voudra pas, car c'est une pratique classique. Pratique que vous ayez d'ailleurs déjà utilisée ou vécue. Si vous avez déjà été vendeur, peu importe le produit, l'acheteur a sans doute déjà essayé de négocier votre tarif. Cette expérience ne vous a sans doute pas marqué, moins en tout cas que le prix de vente finalement consenti. Il en est de même pour votre vendeur de bien immobilier. Ce qu'il retiendra, ce n'est pas votre négociation mais le montant auquel il aura vendu son bien. Tout se passera bien entre vous si tant est que la négociation reste objective et respectueuse.

Pour qu'elle soit objective, vos arguments doivent porter uniquement sur des éléments concrets tels que l'état général du bien, son emplacement ou vos difficultés pour emprunter la somme demandée. Sur certains investissements il est conseillé de demander une évaluation avant pour démarrer une négociation avec des éléments qui feront le poids.

Une négociation avec un particulier doit systématiquement être menée en face à face : planifiez un rendez-vous. Ce sera le seul moyen d'exposer efficacement vos arguments et de les adapter en fonction de ses réactions.

Si votre interlocuteur est une agence immobilière, vous pouvez négocier à distance. En effet, elle a tout intérêt à vous suivre dans vos arguments dans la mesure où elle touche une commission lors de la vente. Plus vite se vend le bien, plus vite elle est rémunérée. Dans tous les cas, préférez opérer par écrit. Outre la traçabilité, cela vous permettra de poser vos arguments de façon plus détaillée. Un courriel est parfaitement adapté. L'agence pourra alors se baser dessus pour faire passer la négociation auprès de son client, sans interférer dans le processus. Elle n'en prendra pas la responsabilité, ce qui la soulagera.

Dans tous les cas, ne soyez pas trop expressif, ne montrez pas que vous tenez absolument acheter le bien. Faites croire que vous avez plusieurs autres pistes. Le vendeur aura à cœur de vous vendre son bien plutôt que de vous voir partir vers un autre. Dans le cas contraire, si vous vous montrez trop intéressé, vous perdrez votre avantage, ce qui fait votre force.

Une fois la négociation arrivée presque à son terme, ne déviez pas de votre offre. Expliquez que votre emprunt ne pourra pas couvrir une somme supérieure, que vous ne pouvez pas monter plus haut. Pour appuyer votre argument, annoncez un prix précis, mais quand même arrondi ; par exemple 135 850 €. Si vous augmentez la précision, cela paraîtra suspect. Expliquez clairement que toutes les simulations aboutissent à ce montant au maximum.

Pour vous aider dans votre négociation, mettez le vendeur face à un dilemme insolvable, avec une requête telle que : signer absolument avant la fin du mois, isoler la façade pour la vente, vérifier un point structurel du bâtiment car vous avez un doute sur son intégrité… Le vendeur, dans l'impossibilité d'y donner une suite favorable, se mettra en porte-à-faux. Saisissez votre chance et négociez une baisse de prix en conséquence.

Ces techniques fonctionnent bien, mais elles ne sont pas les seules. Vous les apprendrez sur le terrain, le plus dur étant la première fois. Qui ne tente rien n'a rien ! Qu'avez-vous à perdre ? Dans le pire des cas, le prix ne baissera pas ; dans le meilleur, vous réaliserez une économie substantielle.

En règle générale, sur tous les biens, vous pourrez facilement obtenir une baisse de 5 % ou 10 %. Votre objectif est de tenter d'obtenir jusqu'à - 40 %. C'est beaucoup mais possible selon les biens.

De toute façon, c'est le seul moyen pour vous d'acheter d'autres biens de façon rapprochée dans le temps. Si vous échouez sur plusieurs négociations, vous vous rattraperez sur la suivante et vous aurez réalisé une meilleure économie que celle que vous avez ratée.

Pour aboutir à vos fins, n'achetez jamais un bien au prix demandé. Négociez systématiquement, c'est la clé pour devenir un bon investisseur

NE PAS INSISTER SI CELA PÉNALISE VOTRE RENTABILITÉ

Le risque lorsque vous vous engagez à fond dans une négociation, c'est qu'elle n'aboutisse pas favorablement pour vous. Vous devez vous y préparer, le risque est réel. Vous vous sentirez incompris parfois, le débat pourra même être houleux... Cela fait partie du jeu.

Gardez simplement en tête que votre but n'est pas de perdre de l'argent. Si le vendeur ne veut pas céder, cessez la négociation et oubliez ce bien. Vous vous êtes fixé une limite budgétaire, ne la dépassez jamais. Ne laissez pas vos sentiments interférer, quel que soit le bien que vous venez de rater. Si la vente peut être conclue à 1 000 € près, c'est au vendeur de faire l'effort, pas à vous.

N'oubliez pas le concept : mille annonces pour cent visites pour dix offres d'achat. Et pour un achat, parfois. Mais vous avez l'assurance que cet achat sera très rentable car mûrement sélectionné et négocié.

Vous ne devez pas viser un nombre de biens acquis mais leur qualité et leur rentabilité. Le volume d'achats viendra par la suite, au fil de votre pratique.

Du bon achat et donc de son rendement dépendent vos futurs investissements. Plus vous obtiendrez de rendement, plus vite vous pourrez investir dans un nouveau bien et ainsi de suite. Rendez vos locataires heureux, anticipez tous les problèmes, et vous aurez acquis un certain automatisme qui vous permettra de viser toujours plus haut.

Même si visiter est chronophage et que rater un achat est énervant, c'est un passage obligé. Votre indépendance financière se monnaye à ce prix. Si vous êtes assidu, que vous apprenez sans cesse et que vous réalisez des investissements réfléchis et rentables, vous atteindrez votre objectif rapidement. Vous abattrez du travail mais en serez largement récompensé.

Une fois les automatismes acquis et maîtrisés, vous serez assuré d'un revenu important chaque mois, sur le long terme et ce, sans travailler. Vous avez travaillé dur pour y parvenir, regardez désormais votre compte se remplir tout seul. Vous n'avez plus qu'à en profiter pour continuer à investir.

La gestion de tous ces biens, une fois votre technique bien rodée, ne devrait pas vous prendre plus que quelques heures par mois.

GÉRER SON COMPORTEMENT ET SES ÉMOTIONS

Au moment d'une négociation tarifaire, une partie de votre force de conviction tiendra dans votre façon d'être. Vous-même, à qui accorderez-vous davantage de confiance et de ressentiment dans une négociation : une personne infâme ou une personne sympathique ? Tout, encore une fois, se joue au niveau des relations humaines. Ne les négligez pas.

A fortiori, c'est la première impression qui va compter : les trente premières secondes durant lesquelles on se fait une idée sur la personne. Soignez-les, même si vous devez réaliser plusieurs visites la même journée. Gardez le sourire !

Une preuve de son sérieux n'est pas de se prendre au sérieux, bien au contraire. L'humour a toujours sa place, et l'utiliser à bon escient laisse toujours un meilleur souvenir qu'une personne imbue d'elle-même ou pédante. Ces attitudes sont contre-productives car elles n'attirent pas la sympathie.

Partez du principe que le vendeur n'est pas un ennemi. Vous devez rester objectif dans votre analyse, chercher un accord gagnant-gagnant. Vous devez réserver votre intransigeance envers vous-même uniquement. Quelle que soit votre méthode, n'hésitez par ailleurs pas à l'expliquer à votre entourage, la transparence est un allié.

Par exemple, durant une négociation, vous verrez le plus souvent une réaction négative de la part du vendeur ou de l'agent immobilier. Il trouvera votre offre trop ambitieuse et en-deçà du marché. L'argumentation vous revient alors. C'est à vous de justifier votre offre et de la faire accepter, petit à petit, argument après argument, en partant de son prix de départ, jusqu'à descendre jusqu'à votre offre. N'hésitez pas à opposer au vendeur, par exemple et le cas échéant, le fait que son bien est en vente depuis longtemps.

Soyez franc, admettez tout de suite également que vous cherchez à faire une bonne affaire, que vous êtes un investisseur. Mais respectez toujours le vendeur. Ne l'offusquez pas. La négociation doit être ouverte, même si dans les faits vous en détenez les rênes. Ne défendez pas coûte que coûte vos opinions, laissez votre interlocuteur s'exprimer. Il ne s'agit pas de savoir lequel des deux a raison, mais de trouver un terrain d'entente commun.

Adoptez une attitude compréhensive mais opposez un nouvel argument : « Je comprends votre position qui est justifiée, toutefois dans ce cas précis... » ; terminez votre phrase par une demande, dont la réponse devrait faire avancer le débat. L'objectif est de conclure la vente, tant pour le vendeur que pour vous-même. Vous n'aurez pas de contradictions sur ce point. Apportez des arguments chiffrés, par exemple sur le budget travaux que vous estimez dans ce bien, en considérant les quelques défauts relevés pendant la visite. Trouvez les éléments qui feront que le vendeur sera enclin à baisser son prix. En toutes circonstances, gardez votre calme, votre sourire et votre sympathie.

Partez de plus bas pour garder une marge de manœuvre dans votre négociation. Si vous remontez un peu votre prix en considérant votre marge, le vendeur aura aussi l'impression d'avoir réussi sa négociation. Le but commun aura été atteint et la vente pourra se conclure en bons termes. Mais dans le cas contraire, si la négociation n'aboutit pas, ne vous formalisez pas. Vous aurez d'autres opportunités. Acquérez de l'expérience !

RÉFLÉCHIR AUX PERSPECTIVES D'AVENIR

Cette réflexion est primordiale pour déceler les actions d'amélioration à mettre en place concernant le bien. Vous le ferez ainsi vivre, il deviendra une partie de vous. Mais n'exagérez rien, prenez toujours en compte votre cible et votre marché, surtout si vous les faites évoluer en fonction de vos objectifs. L'évolution pourra toutefois également être imposée par un changement de contexte dans la ville ou à sa proximité immédiate (constructions, destructions, fermeture ou ouverture d'entreprises…).

N'oubliez pas non plus de prendre en compte le potentiel inexploité de votre bien (grenier, combles aménageables, dépendances à proximité…). Ce sont des bonus qu'il faut étudier au plus près et qui pourront augmenter la rentabilité de votre bien.

Ne faites cependant pas de projections hypothétiques, restez pragmatique. Si l'amélioration n'existe pas encore concrètement, elle ne peut pas être considérée comme une plus-value du bien ; ce point est important lors de votre achat, car le vendeur pourra tenter d'augmenter le prix en fonction de ces bonus potentiels. Le prix doit refléter l'existant et non le prévisionnel.
De fait, ne pas tenir compte de ces hypothèses dans le prix de votre loyer permet aussi de réussir votre investissement ; en effet, de cette manière, lorsque vous aurez effectué les travaux nécessaires, vous augmenterez alors vos loyers et ce sera une plus-value supplémentaire qui augmentera votre rentabilité. Par ailleurs, vous pourrez déduire tout ou partie de ces frais de vos impôts.

Enfin, prenez le temps d'amortir sur un ou deux ans les premiers travaux effectués avant d'en effectuer de nouveaux. Cela réduira votre endettement en étalant les déficits sur le long terme. Si votre investissement est viable, il prendra de la valeur et donc vous assurera une hausse de revenus. Cette hausse vous permettra ensuite d'investir à nouveau, pour former une boucle vertueuse.

EFFECTUER DES TRAVAUX

L'objectif des travaux est d'augmenter l'attrait de votre bien auprès des locataires, tout en augmentant le prix du loyer. Vous dégagerez alors une marge plus importante.

LES FAIRE VOUS-MÊME OU FAIRE APPEL À DES PROFESSIONNELS ?

Même si la croyance populaire énonce que faire les travaux soi-même est un gain financier, ce qui est vrai dans la théorie (de trois à quatre fois moindre en effet), il ne faut pas oublier les facteurs résiduels qui peuvent changer la donne :

- Qu'en sera-t-il de la qualité ? Tout le monde n'est pas un excellent bricoleur et ne maîtrise pas tous les corps de métier. Si vous économisez la main d'œuvre mais obtenez en retour un résultat plus que perfectible, votre bien n'aura pas pris de valeur et vous aurez investi dans des travaux inutilement.

- Qu'en sera-t-il du temps que cela peut prendre ? Êtes-vous suffisamment disponible pour réaliser la prestation rapidement ? Si le bien n'est pas loué pendant tout le temps des travaux, évaluez la perte financière que cela engendre et comparez avec vos devis.

- Qu'en sera-t-il de la garantie en cas de problème ? Les entreprises possèdent toutes des assurances et leur travail est garanti jusqu'à dix ans selon les travaux effectués. Assurez-vous quand même de ce point, mais ce ne sera pas votre cas, si vous échouez sur un point, vous devrez recommencer et donc investir de nouveau. La sécurité apportée par la garantie n'a pas de prix.

- Qu'en sera-t-il de votre réseau ? Des artisans qui vous ont convaincu de par la qualité de leur travail et leurs tarifs pourront faire partie de votre équipe. Vous pourrez faire appel à eux dans le futur pour vous soulager de ces aspects matériels. Ce sont par ailleurs des professionnels qui sauront vous conseiller dans vos choix. Ils pourront également vous éviter de commettre des erreurs. Choisissez-les bien mais si vous en êtes satisfait, conservez-les dans votre réseau. Ils seront un atout.

DU TRAVAIL NON VALORISANT ET ÉREINTANT

Si mes arguments n'ont pas été suffisamment convaincants, voyons une solution intermédiaire. Il est facile d'économiser sur un poste particulier, qui demande peu de compétences mais qui est vendu à prix d'or par les artisans : la démolition ; c'est-à-dire la préparation du rafraichissement de votre bien : retirer les vieux papiers peints ou revêtements de sols, faire tomber des cloisons inutiles, et de ce fait, l'évacuation des déchets ainsi générés. Cette évacuation, onéreuse pour un professionnel, est gratuite pour un particulier grâce aux déchetteries communales.

Certes, c'est un travail fastidieux, fatigant et non valorisant. Mais il est obligatoire si vous souhaitez faire des travaux de mise à neuf de votre bien. Et il est vraiment facile d'économiser énormément sur cette partie, en le faisant vous-même. Même si vous ne vous y connaissez pas forcément en bricolage, cette partie est vraiment accessible aux profanes en la matière.

COMPARER LES TAUX HORAIRES AU MOMENT DES TRAVAUX

Une fois ce premier stade achevé, il faut penser aux travaux proprement dits. Pour ceux-ci en revanche, Je vous conseille fortement de sous-traiter, de faire appel à des professionnels compétents. Non pas forcément que vous ne sachiez pas faire, mais comparez les taux horaires. Sur le devis d'un artisan, vous le trouverez facilement. Mais le vôtre ? À combien estimeriez votre propre taux horaire si vous décidiez de faire tous les travaux vous-même ?

Pour réaliser ce calcul, réfléchissez à tout ce que vous pourriez faire pendant une heure de votre temps libre, dans une activité passion par exemple. Ce temps ne pourrait-il pas être mis à profit pour des choses plus valorisantes, plus rentables ? Si votre but est de vous enrichir grâce à l'investissement immobilier, sortez du routinier « métro-boulot-dodo ». Votre temps pourrait être investi efficacement dans la recherche d'un autre bien, dans une visite, dans une négociation de prix. C'est cela votre objectif. Dernier argument : selon votre situation fiscale, tout ou partie des montants des travaux sont déductibles de vos impôts. C'est donc une nouvelle porte d'entrée vers votre rentabilité d'investisseur immobilier.

PENSEZ AUX LOCATAIRES

Dans le cas d'un investisseur immobilier, le produit est le bien. Mais vous fournissez également un service car un locataire vivra dans ce bien. De fait, vous devez vous assurer de fournir un produit de bonne qualité. Pour vous faire une idée de ce que peut attendre votre client, le locataire, mettez-vous à sa place en vous demandant ce que vous attendriez, vous, d'un bien immobilier en tant que locataire.

Ces questions sont notamment indispensables en vue de travaux de rénovation ou de rafraichissement. Dans l'ordre, ces travaux devront porter sur :

- Les éléments structurels : les murs, les fenêtres, l'humidité éventuelle dans la salle d'eau, le chauffage défectueux. Ce sont également des éléments de confort, il ne faut donc pas les négliger.

- La cuisine : elle peut souvent être à la base d'un coup de cœur, faites-en aussi une priorité. Elle doit être au goût du jour et donner envie d'y cuisiner. Parfois, inutile de changer le mobilier : la peinture et les poignées peuvent, seuls, être revus. N'oubliez cependant pas l'électroménager, qui doit être en bon état de fonctionnement et propre.

- La salle de bains ; comme la cuisine, elle fait souvent l'objet d'un coup de cœur mais elle vieillit vite. Modernisez donc ses équipements : une douche à l'italienne, une vasque et un sèche-serviettes sont à privilégier. Mais attention au coût, cela chiffre vite ! Surtout si vous constatez des problèmes d'humidité. Le cas échéant, il faudra d'ailleurs les traiter car ils dégradent rapidement les pièces d'eau.

Votre bien doit être attrayant et durer dans le temps, sachant qu'un propriétaire est moins soigneux qu'un propriétaire. La vétusté est induite par les différents changements de locataires. Vous devez donc, au moment de l'achat des différents équipements, privilégier leur solidité.

Ce qui est très beau pour votre résidence principale peut être trop fragile dans votre bien locatif. Faites la part des choses. Une douche à l'italienne peut par ailleurs apporter de l'humidité dans la pièce, qu'il faudra donc refaire plus souvent ; une cabine est peut-être plus judicieuse.

Il ne faut cependant pas penser que les locataires sont irrespectueux, mais mieux vaut anticiper et assurer une certaine marge de sécurité. Ce bien doit rester rentable, tel est votre objectif. Et cela est d'autant plus vrai que votre parc immobilier va croître. Toutes les réparations que vous n'aurez pas à gérer, ce sera du temps et de l'argent économisés !

Faites appel à des artisans, ils sauront vous aider dans le choix des matériaux et matériels appropriés. Mettez l'accent sur la solidité tout en contenant le prix de façon raisonnable. De toute façon, ce qui est beau est souvent plus onéreux que ce qui est solide, cela ira donc dans votre sens. Mais ne négligez pas l'aspect design pour autant, votre bien doit rester accueillant.

SUIVRE LES TRAVAUX

Les travaux ont débuté, les artisans sont à pied d'œuvre, la poussière vole partout. C'est le symbole de l'enrichissement naissant. La valeur de votre bien sera bientôt en hausse, dans une proportion plus importante que votre investissement total. Le rendement augmente.

Suivez le chantier régulièrement. Inutile de rester longtemps mais passez souvent. Vous pourrez ainsi gérer les problèmes naissants, prendre des décisions rapidement, adapter vos choix en fonction de la réalité du terrain.

Vous devez permettre de fluidifier le travail des artisans. La seule chose qui doit les occuper, c'est leur travail. Les problèmes annexes sont à votre charge si vous voulez que cela avance plus vite. Notamment, la planification doit respecter un ordre précis : l'électricien, le plombier, le plaquiste… Si les uns attendent après les autres, vous perdrez du temps et donc de l'argent.

Selon vos connaissances, n'hésitez pas à poser des questions. Si un artisan prend du retard, relancez-le, exigez des délais précis pour en informer l'autre artisan qui attend peut-être après le premier. Sachant que les délais ne seront pas forcément respectés, ne prévoyez pas les dates du chantier de façon trop juste, sous peine de mauvaises surprises.

Intéressez-vous à leur travail, ils apprécieront et vous acquerrez des connaissances indispensables pour la suite.

Notez tout ce qui a un rapport avec le chantier, les engagements de délais, les problèmes, les solutions, le planning, des croquis pour expliquer ce que vous attendez. Envoyez des courriels groupés à tous les artisans, comme ça tout le monde aura le même niveau d'informations.

METTRE VOTRE BIEN EN LOCATION

Cette phase doit être optimisée, c'est-à-dire que vous devez essayer de louer plus cher, plus rapidement, en fournissant le moins d'énergie possible.

LE PRIX DU LOYER

Il est important de bien placer le montant de votre location sur le marché, en tenant compte des offres concurrentes. Utilisez pour cela Internet. Calculez un prix moyen sur lequel vous vous baserez ensuite.

Par précaution, positionnez-vous au-dessus de cette moyenne. Cela devrait signifier que votre bien est meilleur, qu'il sera davantage recherché, qu'il se louera plus vite et que potentiellement les locataires seront plus aisés.

FAIRE SON CHOIX ENTRE UN BIEN VIDE, MEUBLÉ OU SAISONNIER

Quel est le meilleur choix ? Lequel permet les meilleures réductions d'impôts ? Les questions financières, purement techniques, trouvent facilement leur réponse sur Internet. Le but de cette formation n'est pas ici, car ce n'est pas la question la plus importante.

Dans cet ouvrage, l'objectif est, pour rappel, de vous amener vers une réflexion approfondie en termes de succès dans vos investissements, et ce sur le long terme. Votre enrichissement proviendra avant tout de l'argent que vous verseront vos locataires, et dans une moindre mesure de votre banque, bien avant les impôts.

Projetez-vous en tant que chef d'entreprise afin de comprendre le raisonnement à adopter. Quel serait votre objectif dans cette situation ? À faire du profit, tout en fournissant un service ou un produit de qualité pour lequel les clients paieront. Pour cela il faut préalablement faire une étude de marché, étudier, tester. Si vous mettez sur le marché un bien ou un service qui n'intéresse personne, votre modèle économique n'est pas viable et il ne servirait à rien d'investir sur ce créneau. Pour un Investisseur, le principe est exactement le même ! Trouvez le bien immobilier qui trouvera preneur, celui pour lequel des locataires seront disposés à payer.

DONNER ENVIE

Tout va se jouer sur l'annonce que vous allez publier. C'est elle qui fera que vous serez contacté ou non, par des personnes de la cible escomptée ou pas. Détaillez-là le plus possible, afin de donner une majorité de réponses à des questions fréquentes.

Les avantages du bien doivent être parfaitement lisibles. Et surtout, soyez original, faites que votre annonce se remarque plus que les autres. Vous devez convaincre vos futurs locataires d'adhérer à votre concept de prix plus élevé en échange de prestations supérieures

LES ERREURS À ÉVITER, LES BONNES PRATIQUES À ADOPTER

Évitez absolument les annonces de type :

« Loue 4 pièces rénové dans quartier vivant, lumineux et traversant. 3 ch., 2 sdb, 90 m². Loyer : 950 € + charges 40 € ».

Le classicisme de cette annonce ne vous permettra pas de vous démarquer. Les personnes n'arriveront pas à se projeter dans le bien, elles risquent de ne pas appeler. Par ailleurs, il y a très peu d'informations, si vous recevez des appels, vous devrez répéter les mêmes réponses aux mêmes questions.
Aussi, une bonne pratique consiste à décrire le bien de manière à appuyer sur ses atouts, sans mentir. Vous devez attirer la cible que vous vous êtes fixé.

Pour cela :

- Donnez envie d'y vivre, notamment sur le long terme.

- Incitez les échanges par courriel, cela vous permettra un gain de temps car vous pourrez faire une première sélection. Les échanges téléphoniques doivent uniquement servir à planifier des visites, de préférence.

L'IMPORTANCE DES PHOTOS

Contrairement à ce que l'on pourrait penser, un smartphone suffit à obtenir des photos percutantes. Celle qui apparaîtra en couverture de votre annonce est d'ailleurs la plus importante ; c'est en effet elle qui attirera, ou démotivera, les potentiels acheteurs ! C'est même la seule information primordiale : les autres éléments tels que le prix ou la surface du bien ne sont que des compléments.

Aussi, réalisez une séance photos dans le bien en question et réalisez-les avec le plus grand soin. Pour cela :

- Privilégier les meilleurs plans, comme les grands espaces.

- S'assurer qu'aucun objet gênant voire repoussant n'apparaisse dans le cadre.

- Opter pour la lumière naturelle : pas de flash et un jour de grand soleil.

- Faire attention à l'angle de vue et au cadrage : le plus large et horizontal possible, sans abuser des murs, sols et plafonds.

- Supprimer le moindre cliché flou : les smartphones permettent en général de régler la mise au point sur un endroit précis, en appuyant sur ledit endroit sur l'écran.

LES VISITES

Si vous appliquez toutes les astuces détaillées dans ce livre, vous devriez réussir à louer votre bien en une seule journée. Lorsque vous avez beaucoup de visites à planifier, essayez de les regrouper sur une seule après-midi, en annonçant un créneau de 14 h à 19 h par exemple. N'oubliez pas de vous laisser une pause de quinze minutes entre chaque visite, cela vous laissera notamment une marge de sécurité, même si ce n'est pas un souci si deux personnes se croisent.

Pour gagner du temps, rappelez l'heure de visite à chaque prétendant quelques jours auparavant, ainsi que la liste des pièces à apporter. Cela vous évitera des visites inutiles ou un créneau finalement non occupé.

SÉLECTIONNER SON LOCATAIRE

Votre bien a du succès : les locataires potentiels s'empressent et... les dossiers s'accumulent !

Avant de faire votre choix, faites connaissance avec chaque candidat, découvrez qui ils sont, ce qu'ils font fans la vie. Toutefois, restez courtois, n'entrez pas dans la familiarité. Ils doivent rester des locataires avant tout.

Sur le plan financier, le critère principal est un revenu stable équivalent à au moins trois fois le montant du loyer (pour vous et les assurances). Mais fiez-vous aussi au côté humain des personnes. Celles que vous choisirez vivront entre vos murs en échange d'un loyer. En particulier, prêtez attention à leurs réactions à l'annonce de l'existence d'un règlement à respecter : aucun problème à avoir si tout se passe bien, mais le loyer doit être versé en temps et en heure. Le candidat sera compréhensif si vous posez clairement les règles.

Pour appuyer ces règles, rappelez-leur notamment que vous avez un crédit bancaire à rembourser chaque mois. Normalement, cela devrait être bien compris et accepté.

Enfin, essayez de leur faire accepter le principe du prélèvement automatique. Cela évite les retards et leur évite de devoir y penser. Tout le monde est gagnant !

L'ÉTAT DES LIEUX D'ENTRÉE

Félicitations, vous venez de trouver votre premier locataire. C'est le début de la récompense à tous vos efforts passés. Il va donc désormais falloir gérer l'entrée dans le bien : date, état des lieux... Afin que tout se passe pour le mieux, soyez maître dans l'art d'anticiper !

Quelques jours avant l'entrée dans le bien : rappelez par courriel ou sms à votre locataire l'heure et la date du rendez-vous ainsi que la nécessité de se munir des reçus de dépôt de garantie et le premier loyer.

Le jour J : préparez l'état des lieux, en relevant également les compteurs. Votre locataire n'aura plus qu'à vérifier avec vous les points notés. C'est un gain de temps considérable.

Dans le cas particulier d'un meublé, il faut procéder à un inventaire complet de tout ce qui est présent. Petit conseil : indiquez le prix de chaque élément, cela peut faire prendre conscience à votre locataire de la valeur des biens. Si vous comptez appliquer une retenue sur caution en cas de détérioration, vous pouvez faire signer une base de calcul.

N'oubliez pas de faire un double de chacune des clés et notez les informations utiles (numéro de téléphone de l'ancien locataire/propriétaire pour la souscription à Internet, des notices d'appareillages, les emplacements des arrêts d'urgence (eau, gaz, électricité). En cas de nécessité, si votre locataire possède ces informations, cela vous simplifiera la vie.

Il ne vous reste plus qu'à souhaiter un bon emménagement à votre locataire, le plus dur est derrière vous. La route vers la richesse commence maintenant !

APPRENDRE LA GESTION DES LOCATIONS SUR LA DURÉE

Les trois grands principes sont :

- Entretenez des relations saines avec vos locataires.

- Optimisez votre temps.

- Gérez efficacement chaque problématique pouvant survenir.

PRIVILÉGIER LE LONG TERME

En règle générale, vous ne côtoierez votre locataire que très peu voire jamais. En effet, une fois qu'il est installé, il vous verse le montant du loyer et vit sa propre vie, tout comme vous. Il existe cependant quelques situations spécifiques dont je vais vous parler. Dès leur apparition, cela vous permettra de réagir vite et efficacement.

Votre relation est de type commercial. Vous devez donc faire en sorte qu'il soit satisfait. C'est le meilleur moyen pour qu'il ne vous cause pas d'ennuis. Par-dessus tout, ménagez le dialogue entre vous. Si la communication se brise pour une raison ou pour une autre, la situation sera bloquée. Restez donc calme en toutes circonstances.

L'ENTRETIEN DU BIEN

Afin de maintenir votre bien en bon état, planifiez des travaux d'entretien sur le long terme. Prévoyez également qu'il y aura, parfois, besoin de réparations au pied levé et exécutez-les rapidement. Ne laissez pas les éléments usagés se dégrader davantage, votre bien perdrait en qualité générale et la satisfaction de votre locataire s'en ressentirait.

Il est tout à fait possible de prévoir des travaux hors période de vacance locative. Quelques heures ou jours de désagréments sont souvent bien acceptés par le locataire si c'est pour, au final, améliorer son quotidien ; communiquez et argumentez sur l'intérêt des travaux prévus afin d'obtenir son accord. Cette attention à son égard pourra difficilement le laisser indifférent.

Durant votre carrière d'Investisseur, vous croiserez sans doute des locataires qui monnaieront des travaux de rafraichissement de type peinture en échange d'une remise sur le loyer. C'est bien sur acceptable, à condition qu'ils aient les compétences adéquates. Mais globalement, si vous acceptez, votre locataire se sentira davantage chez lui et restera plus longtemps.

COMMENT RÉAGIR FACE À UN RETARD DE LOYER ?

Un retard de loyer est toujours une situation délicate à gérer. Aussi, la mise en place d'un virement automatique reste le meilleur moyen de s'en affranchir en amont. Attention, en tant que particulier, vous ne pouvez pas prélever mais uniquement recevoir un virement automatique. C'est donc à votre locataire que revient la décision finale de ce processus. Vous devez donc le convaincre de son intérêt à le faire.

Si le virement automatique n'a pas été mis en place ou s'il a été annulé, et que de fait vous subissez un retard de paiement, ne laissez pas les choses en l'état. En effet, plus la fin du mois approchera, plus la situation sera compliquée pour votre locataire, puis pour vous dans la mesure où vous avez un crédit à rembourser.

Dans un tel cas, contactez votre locataire, de préférence par téléphone. Ne soyez pas agressif, essayez de comprendre pourquoi il n'a pas payé le loyer en temps et en heure. Le plus souvent, il s'agit en effet juste d'un oubli qui sera vite réparé. De temps à autre, il s'agit toutefois d'une difficulté financière plus importante. À vous de discuter avec votre locataire, pour lui proposer par exemple un étalement ou un fractionnement du paiement. Prenez la situation en main avant qu'elle ne dérive durablement, tout en restant bienveillant. Trouvez le meilleur compromis pour vous tous, le temps que la situation financière de votre locataire redevienne saine. Assouplissez vos règles sur le paiement ou vous risquez de briser le dialogue avec votre locataire et de façon irréversible.
Ne vous inquiétez cependant pas. Normalement, la sélection en amont de vos locataires, selon les critères expliqués dans ce cours, permet dans la majorité des cas de vous prémunir de ce type de situation.

CHANGER DE LOCATAIRE

Lorsqu'un locataire rompt le bail, le principe est de relouer rapidement et de façon optimale, en gérant le turn-over et la vacance locative.

PLANIFIER LE CHANGEMENT

Après une location de longue durée durant laquelle tout s'est bien passé, votre locataire décide de quitter le bien. Peu importe la raison, cela fait partie du jeu, vous devez l'accepter mais surtout l'anticiper !

Aussi, dès le début du préavis, prenez contact avec lui pour organiser les modalités et faire un tour du bien afin d'anticiper les éventuels besoins de rénovation, de peinture… Prenez des photos et des notes. Si vous devez faire appel à un artisan, vous aurez peu de temps : l'objectif est de relouer rapidement !

Si vous constatez des problèmes dans l'appartement, soyez franc. Il vaut mieux crever l'abcès immédiatement pour éviter les rancœurs nuisibles. C'est vous qui menez la barque.

N'oubliez pas non plus de solliciter son accord pour d'éventuelles visites, sachant que votre présence est facultative, votre locataire peut s'il le souhaite les gérer seul. Vous sélectionnerez les candidats par la suite.

Une fois le nouveau locataire trouvé, si l'appartement est en travaux, n'hésitez pas à le lui montrer, cela le mettra en confiance et lui montrera votre sérieux.

Il est possible de nouer des liens plus personnels avec vos locataires. Cela sera d'autant plus difficile lorsqu'ils partiront. Ce sont les risques du « métier «, vous devez les accepter...

RÉALISER L'ÉTAT DES LIEUX RELOCATION

Pour ce faire, prévoyez un rendez-vous physique avec un créneau d'environ une heure. Ne le bâclez pas. D'ailleurs le plus souvent, c'est votre locataire qui sera pressé, peut-être en plein déménagement. Privilégiez donc, dans ce cas, la fin de la journée, mais de jour afin de bien remarquer les éventuelles dégradations.

Utilisez, pour comparer, l'état des lieux d'entrée ainsi que la liste des équipements (l'inventaire également si c'est un meublé). N'oubliez pas de faire la part des choses entre ce qui a été dégradé et ce qui est dû à l'usure normale, surtout si votre locataire est resté longtemps dans le bien.

1. Les dégradations seront déduites de la caution. Si vous en constatez, ne vous énervez pas, vous serez rétribué grâce à la retenue sur caution. Communiquez et expliquez que ces dégradations vont occasionner une perte de caution. Même si ce n'est agréable pour personne, il vaut mieux que le locataire sache tout de suite à quoi s'en tenir plutôt que de le découvrir une fois la caution réduite.

2. Le ménage : s'il n'a pas été fait, faites-le remarquer calmement et annoncez que la caution sera réduite pour compenser, pour lui éviter de le faire maintenant qu'il a terminé son déménagement. Comptez environ 15 € à 20 € de l'heure via un professionnel.

3. La vétusté : elle se définit comme l'usure naturelle du bien, au fil des années d'occupation. Plus vous aurez choisi des matériaux et équipements de qualité, moins vous en constaterez. Toutefois, dans tous les cas, cela ne justifiera pas une retenue sur caution. Ce sera à vous de prévoir les travaux de remise en état avant l'arrivée de votre prochain locataire. Ne commettez pas l'erreur de laisser le bien se dégrader au fil des locations, sinon la qualité recherchée par vos locataires ne sera plus au rendez-vous et votre rentabilité s'en ressentira. Si vous avez anticipé le départ de votre locataire en visitant le bien préalablement à l'état des lieux, vous avez normalement pu prévoir les travaux à réaliser et déjà contacté des artisans. En quelques jours, vous devriez ainsi pouvoir tout remettre en état et relouer rapidement. N'oubliez pas, par ailleurs, que ces dépenses seront déductibles de vos impôts.

RESTITUER LA CAUTION

Dans la mesure du possible, essayez de la rendre plus rapidement, cet argent ne vous sert pas et votre ancien locataire en a très certainement besoin. Nous vous conseillons donc, si tout est conforme et que le locataire suivant a déjà signé son bail, de faire un transfert immédiatement après l'état des lieux. Pour le cas où vous n'avez pas encore trouvé de locataire, essayez de respecter un délai d'une semaine ou deux. Enfin, en cas de retenues, faites le calcul avec votre locataire et transférez-lui l'argent sous une à deux semaines également.

RETOURNER VAQUER À SES OCCUPATIONS

Une fois que vous aurez reloué votre bien, la boucle reprendra avec un avantage complémentaire intéressant : vous avez déjà fait la majorité du travail. Vous connaissez toutes les procédures et ne tomberez plus dans les erreurs des débuts, grâce à votre expérience. Le plus important est d'apprendre de ses erreurs.

N'oubliez pas que tout doit être fait même si tout n'est pas parfait. Vous êtes le seul à pouvoir vous fixer des limites. Passez donc outre et tout deviendra possible.

Une fois cette habitude prise, il sera temps de franchir un nouveau palier.

TRAVAILLER À SON RYTHME

Un investissement dans l'immobilier est dit semi-passif, du fait qu'il demande, après coup, relativement peu de travail pour être maintenu, au contraire par exemple des traders qui doivent sans cesse jouer avec son portefeuille d'actions.

En règle générale, il faut compter moins d'une heure de suivi par mois et par bien immobilier, entre les baux, l'encaissement des loyers et les changements de locataires. Pour être totalement tranquille, vous pouvez également confier ces tâches à un gestionnaire !

De ce fait, même si au départ, lorsque l'on construit son patrimoine immobilier, cela demande un investissement temporel important, une fois que les biens sont acquis et mis en location, l'argent tombe presque tout seul, tout en s'impliquant au minimum – dans la mesure où, bien sûr, les biens se louent facilement. On en vient même, dans ce cas, à s'ennuyer... Incitant ainsi à recommencer, à chercher de nouveaux biens et ainsi de suite !

Une fois que la pratique est maîtrisée, elle devient une vraie passion !

ENRICHISSEMENT PASSIF

Sans vous en rendre compte, votre patrimoine augmente, de façon invisible, seul. Vous vous enrichissez au fur et à mesure que votre locataire rembourse votre crédit. Même mieux, si vous avez bien géré votre investissement, vous en dégagez une plus-value que vous pouvez épargner en prévision du futur.

Il faut également noter que votre objectif est d'investir sous le prix du marché et de donner à votre bien de la valeur supplémentaire grâce à des travaux. En cas de revente, ce sera de l'argent facilement gagné, sans compter que la rentabilité du bien augmentera et que vos crédits décroitront chaque mois, sans rien dépenser de votre côté. Là encore, c'est une possibilité d'épargne.

TROUVER SA VITESSE DE CROISIÈRE

Le principe de base, c'est qu'il faut tenir sur la durée : c'est de l'endurance, pas un sprint. Vous devez donc gérer sur le long terme, notamment votre vitesse de croisière. Adaptez-la en fonction de votre expérience et de vos envies de réussite.

Mais ne mettez pas la charrue avant les bœufs. Pour trouver votre rythme, acceptez ceci : les bonnes affaires ne manquent pas, vous devez juste trouver celles qui vous correspondent. Et pour cela, prenez le temps, ne vous précipitez pas sur la première annonce intéressante, vous pourriez en rater une encore plus intéressante. Vous devez donc avoir soigneusement préparé vos critères à l'avance. Ce ne sont pas des critères concernant le bien mais relatifs à votre projet. Que souhaitez-vous et comment voulez-vous y arriver ?
Quelle que soit votre volonté, acheter plus ou moins, plus ou moins vite, le tout est de garder la tête froide et ne pas se laisser déborder. Si vous maîtrisez le système, vous pourrez augmenter le rythme et vos revenus, sinon restez humble. Malgré tout, avec l'expérience, vous pourrez accélérer, dans la mesure où vous n'oubliez pas les principes de base : rester concentré sur l'objectif, s'organiser, travailler et être patient. Mais attention à la rentabilité, en toutes circonstances !

Le but de cette formation est de vous aider à devenir des Investisseurs Rentables. J'insiste donc beaucoup sur les principes-clés : investir en boucle et anticiper. Il est facile de se tromper, donc restez prudent et vigilant. Pour que votre enrichissement soit pérenne, vous ne devez pas vous tromper et faire en sorte que la banque vous suive. La confiance sera permise par les premiers achats ; ils sont primordiaux !

Une fois votre premier objectif atteint, savourez cette réussite et passez au prochain, ainsi de suite. Si tout se passe bien, vous vous permettrez des objectifs que vous pensiez inimaginables avant de devenir Investisseur Rentable.

L'atteinte de ces objectifs passera forcément par un plan d'actions précis, basé sur votre retour d'expérience. Faites le point sur ce qui a fonctionné et sur ce qui a échoué. Capitalisez et améliorez votre technique. Un rêve ne peut se réaliser que si vous vous en donnez les moyens. Dans la vie, vous avez deux choix : soit vous vous recouchez le matin pour continuer à rêver, soit vous vous levez pour réaliser vos rêves. Un échec est une réussite : persévérez, changez ce qui n'a pas fonctionné.

L'immobilier repose sur les mêmes principes. Il vous permettra d'atteindre vos objectifs, mais vous devez vous y employer intelligemment.

UN BON ÉTAT D'ESPRIT EST PRIMORDIAL

Il ne faut pas se leurrer, se lancer seul dans une tâche d'une telle ampleur est susceptible d'entraîner du découragement avant même d'avoir commencé. Nous avons la fâcheuse tendance à nous sous-estimer, à penser que cela n'est pas possible.

Pour s'affranchir de ce frein, gardez votre objectif en tête et répétez-le-vous plusieurs fois, cela vous rendra plus fort et vous permettra de vous lancer. Et les premiers résultats tomberont par la suite. Effectuez une première visite, d'autres suivront. Faites une offre, d'autres suivront. Négociez, vous apprendrez à le faire de mieux en mieux. Affrontez votre peur du refus, lancez-vous. Existe-t-il un moment privilégie ? Oui ! Tout de suite !

Par ailleurs, il faut garder à l'esprit que si on attend que toutes les conditions optimales soient réunies pour acheter, on n'y arrivera pas. Il y aura toujours de l'hypothétique, du risque. C'est pourquoi vous devez anticiper tout ce qui peut l'être, le reste viendra tout seul.

SE CONSTITUER UN RESEAU

Cette équipe doit comprendre votre problématique d'investisseur. Vous apprendrez beaucoup au départ, aussi de l'aide extérieure est toujours intéressante : un agent immobilier, un notaire, un comptable peuvent constituer le premier maillon de votre équipe. Toutefois, vous devez les sélectionner minutieusement.

Il se pourrait également que vous ayez besoin d'un bon artisan, d'un architecte, d'un assureur, d'un banquier et d'un géomètre. Ces métiers vous seront certainement utiles à un moment ou un autre dans votre carrière d'investisseur immobilier. Par leurs conseils et leurs compétences, ils vous éviteront des pièges et vous feront faire des économies.

Dernier point : si vous investissez avec un partenaire de vie, assurez-vous que vous êtes complémentaires dans le projet, que vous vous entendrez au moment de débattre sur divers points (travaux par exemple), que vous vous investirez et récolterez les fruits de manière équitable, que vous poursuivez les mêmes objectifs et que vous partagez les mêmes valeurs.

CHOISIR SON BANQUIER

Le point de départ de ce réseau doit être votre banquier. Si vous le convainquez de vos capacités à investir et à vous enrichir grâce à l'immobilier, il vous ouvrira des portes que vous ne soupçonniez pas. Mais c'est un travail de longue haleine encore une fois. Pour cela, observez ces quelques préceptes :

- Présenter des dossiers réalistes : vous devez fournir un prévisionnel concret intégrant une marge de sûreté. Cette marge doit être calculée en prenant en compte des moments d'inoccupation du bien (pas de loyer payé), l'entretien courant (bien et parties communes le cas échéant), dupliqués selon plusieurs scénarios, en mettant en avant le plus défavorable.

- Présenter des dossiers en cohérence avec votre situation financière : vous savez désormais calculer votre endettement et votre rentabilité, c'est le moment de les mettre en avant. Cela vous donnera une image responsable, prudente, que votre banquier saura appréciez à sa juste valeur.

- Mettez en avant votre épargne : les banquiers adorent les épargnants, ils seront d'autant plus à l'écoute que votre épargne sera importante.

- Ne cédez pas immédiatement aux appels du pied du banquier : il essaiera de vous vendre tous ses produits financiers mais gardez-en sous le pied, souscrivez au fil du temps. Même si vous n'êtes pas forcément intéressé par l'ensemble de ces produits, la banque, elle, sera plus docile à votre égard si elle peut y trouver son compte sur le long terme.

- Négociez tout : n'oubliez pas que tout est négociable ! Et vous verrez que votre patrimoine grandissant vous aidera beaucoup dans cette approche. Les meilleurs clients obtiennent toujours les meilleures remises, vous vous en rendrez compte assez vite.

- Soignez votre professionnalisme : remerciez après chaque aide apportée et rendez compte de tous les projets communs. Envoyez des photos avant et après travaux : votre banquier se sentira davantage impliqué et cela le rapprochera de vous. N'oubliez pas les petits mots de remerciement personnalisés, ils font toujours leur petit effet. Ceci est d'ailleurs valable auprès de tous vos partenaires professionnels. Cela vous placera rapidement dans leurs petits papiers et ils auront d'autant plus envie de vous aider et de vous accompagner dans de nouveaux projets. C'est de cette façon que les meilleures conditions vous seront accordées, surtout s'ils trouvent leur compte dans votre propre situation !

- Gardez à l'esprit qu'il existe d'autres banques : la vôtre sera à l'écoute si vous lui annoncez une proposition alléchante dont vous a fait part la concurrence. C'est un petit plus non négligeable dans certains moments.

CHOISIR SON AGENT IMMOBILIER

Que vous soyez acheteur ou vendeur, le choix d'un agent immobilier peut être effectué en suivant les cinq étapes qui vont suivre. Et ce choix est primordial pour la réussite de votre projet. Chaque agent est différent et peut vous apporter ses connaissances propres, sa personnalité...

1. **Fiez-vous aux recommandations et faites des recherches**

    Faites appel à votre entourage. Peut-être l'un d'entre eux a déjà eu une expérience avec un agent immobilier de votre secteur ? Vous pourrez ensuite reboucler ces informations avec des recherches sur Internet. En récoltant toutes les données possibles, vous serez à même de vous faire une idée plus précise de l'agent en question, si ce profil vous correspond ou non. Dressez une liste des agents avec qui vous pourriez faire affaire et passez à la deuxième étape.

2. **Interrogez l'agent immobilier**

    Rencontrez les agents présélectionnés préalablement à toute visite. Profitez-en pour l'interroger sur certains points précis qui vous permettront d'affiner votre liste. Notamment, quelle est leur expérience dans le quartier que vous affectionnez ? Quelle stratégie adopte-t-il ? Comment gère-t-il des négociations ? La liste est non exhaustive, étoffez-la et adaptez-la au contexte et aux réponses obtenues au fur et à mesure.

3. **Recherchez des avantages concurrentiels**

L'un de vos critères de sélection doit porter sur la différence que peut vous offrir l'agent choisi par rapport à ses concurrents. Que possède-t-il de spécial qui en fera un agent redoutable ? Une spécialité, une expérience plus ou moins importante, un bon commercial... À vous de juger ! Un agent qui se révèle un très bon acheteur n'est pas forcément un très bon vendeur.

4. **Fiez-vous à votre intuition**

Votre liste se réduit. Que votre intuition vous a-t-elle indiqué jusqu'à présent ? Si l'agent « préféré » par votre intuition est toujours dans la liste, il est sans doute temps d'en tenir vraiment compte. Comment se passe votre relation avec cet agent ? Si vous faites affaire, il est important que vous vous entendiez bien, que vous puissiez discuter sans vous énerver, etc. N'oubliez pas qu'il va vous représenter, il doit donc, en quelque sorte, refléter qui vous êtes.

5. **Réalisez une évaluation en continu**

Votre choix s'est porté sur un agent parmi la liste initiale. Toutefois, ne prenez pas la situation comme acquise et réalisez une évaluation continue de votre relation professionnelle. Il ne faudrait pas que vos premières impressions ne soient dues qu'au fait que cet agent a bien caché son jeu. Il consacrait beaucoup de temps à votre bien au départ, puis s'en est petit à petit détaché. Dès que vous constatez un problème, mettez les choses au clair immédiatement et cessez toute collaboration. Vous ne l'intéressez plus, il ne pourra pas vous aider correctement.

Mais ne vous inquiétez pas, normalement, en ayant appliqué les quatre astuces précédentes, ce risque est minime !

LES EXPERTS EN IMMOBILIER

Notons qu'environ 65 % des transactions ont lieu avec l'aide d'un agent immobilier.

Le professionnel est en effet souvent nécessaire dans la réussite d'un projet, car il apporte des compétences, une expérience, notamment durant les négociations, pour canaliser les particuliers qui n'en ont pas l'habitude. Mais du fait notamment de leurs honoraires régulièrement perçus comme abusifs, ce métier n'est pas vraiment apprécié.

ÉVALUER SON PATRIMOINE ET CAPITALISER SES PROGRÈS

Régulièrement, faites le point sur ce que vous avez réalisé, chiffrez-le et utilisez cette expérience pour progresser à l'avenir. Capitalisez.

Évaluez la liquidité de votre bien, c'est-à-dire son potentiel à être vite revendu. Plus sa liquidité est élevée, plus votre investissement est sûr. En effet, en cas de coup dur financier, vous pourrez le revendre rapidement. Ne négligez pas ce point, anticiper les coups durs sécurise votre situation. Surtout quand on considère que les procédures administratives durent parfois plus que de raison. Aussi, en cas de difficulté de trésorerie, dans la mesure où le délai entre l'intérêt d'un acheteur et son obtention des clés s'échelonne entre deux et six mois, si le bien trouve preneur rapidement, c'est toujours du temps gagné ! Cela vous évitera par ailleurs de brader votre bien et vous permettra donc de rentabiliser votre vente.

La liquidité dépend de plusieurs facteurs, notamment :

- L'emplacement du bien.

- Son état.

- Son prix.

- La rentabilité acquise durant la location.

- La demande.

N'oubliez pas que si votre bien gagne en valeur suite à des travaux ou simplement parce que le marché a évolué sachez que vous avez la possibilité de faire une deuxième hypothèque sur votre bien dans le but d'avoir des capitaux pour réinvestir dans un autre bien tout en maintenant les revenus locatifs de ce dernier.

DES TÂCHES RÉCURRENTES

L'idéal est de s'en occuper une fois par an au départ, puis tous les six mois lorsque le patrimoine devient plus important.

Il s'agit en général d'un instant privilégié : faire les comptes et mettre en évidence une progression. C'est cette joie qui vous donnera envie de repartir de plus belle, de vous dépasser.

Vous devrez par ailleurs, à ce moment-là, vérifier le solde de votre compte bancaire pour ne pas avoir de mauvaises surprises. N'hésitez pas au besoin à ajuster vos prélèvements automatiques, à découvrir de nouvelles optimisations, à prendre soin de vos finances.

À ce sujet, notez que les banquiers sont sensibles à ce genre de vérifications, cela les met en confiance ; donc gardez-en des traces écrites à leur présenter ! Cela complètera très efficacement les documents-types qu'ils pourront vous demander de remplir dans le cadre d'une déclaration de patrimoine.

COMMENT PROCÉDER ?

Le plus simple est d'utiliser un tableau, sur un logiciel tableur ou à la main si l'outil informatique vous rebute quelque peu.

Dans ce tableau, faites le bilan de tous vos actifs (immobilier, mobilier, épargne, or, sociétés…) et de vos actifs (crédits, dettes…).

En ce qui concerne l'immobilier (le patrimoine), ne considérez que la valeur résiduelle, déduction faite de votre crédit restant à payer (basez-vous sur le tableau d'amortissement fourni par votre banque).

Si vous avez appliqué les règles d'or de l'Investisseur Rentable, vous avez certainement acheté sous le prix du marché et réalisé des travaux qui apportent une plus-value à votre bien. Évaluez donc votre bien à sa nouvelle valeur, ou faites-le faire par un professionnel ! Chaque bien doit être évalué financièrement de la même manière, pour être le plus juste possible.

De fait, vous connaissez désormais la valeur de vos actifs immobiliers, sachant que le montant de vos dettes égal votre patrimoine immobilier. S'y ajoutent votre épargne, vos objets de valeur, vos titres de sociétés, de l'or éventuel, comme énoncé au premier paragraphe. Si les conseils prodigués dans cette formation ont été appliqués, cette valeur devrait augmenter régulièrement.

Enfin, considérez que plus votre patrimoine croitra, plus vous cumulerez les intérêts sur vos épargnes. La hausse sera même exponentielle. N'oubliez jamais cela !

LA RÈGLE DES TRENTE-TROIS POURCENT

Afin de dépasser le taux d'endettement théorique de 33 %, il est nécessaire d'avoir un patrimoine en augmentation et des rentrées d'argent importantes et régulières. La banque s'attardera notamment sur les deux conditions suivantes :

Une expérience dans l'immobilier prouvée. Votre sens de la gestion est connu, vous n'avez plus à rien à prouver dans ce domaine et votre banquier le sait.

Votre solde chaque mois est bien supérieur à vos dépenses et votre épargne croît régulièrement.

Ainsi, vous pourrez vous affranchir de cette limite de 33 %. De toute manière, toutes les banques n'en font pas une limite stricte ni ne se basent uniquement sur ce critère. Les modes de calcul peuvent même différer d'un établissement à l'autre.

DEUX MODES DE CALCUL DIFFÉRENTS

Le mode de calcul le plus répandu est la non-compensation des revenus :

"Taux d'endettement = " "mensualités du prêt" /" (revenus + loyers nets hors charges)" " × 100"

À noter que les loyers nets hors charges correspondent aux 70 % du loyer net de charges.

Prenons un exemple pour illustrer cette formule. Vous souscrivez à un emprunt de 200 000 € pour financer un bien qui vous rapportera 1 150 € de loyer net. La mensualité du crédit s'élève à 930 € tandis que votre salaire net est de 2 350 €. Dès lors, votre taux d'endettement se calcule comme suit :

"Taux d'endettement = " 930/ (2350 + 1150 × 70 %) " ×100" = 29,47 %

L'inconvénient de ce mode de calcul est que votre taux d'endettement ne peut pas baisser dans la mesure où le loyer ne compense pas la mensualité du crédit, en s'ajoutant aux revenus. Il est donc défavorable et vous devez le privilégier dans vos estimations. Il apporte en effet une certaine sécurisation de votre investissement. Certaines banques ne l'utilisent que pour les investisseurs novices. Une fois leurs preuves faites, elles appliquent alors un autre mode de calcul : la compensation des revenus. Il fonctionne comme suit :

"Taux d'endettement = " " (mensualités du prêt – loyers nets hors charges)" /"revenus" " × 100"

Sur la base du même exemple que précédemment, on obtient dans ce nouveau cas :

"Taux d'endettement = " ((930-1150 ×70 %)) /2350 "×100" = 5,32 %

On remarque la grande différence entre les deux méthodes de calcul. Ici, les loyers compensent les mensualités. De ce fait, si 70 % des loyers sont équivalents à votre mensualité, votre taux d'endettement n'augmente pas. Et pour le cas où 70 % des loyers sont supérieurs à vos mensualités, votre taux d'endettement décroît ! Ce sera donc idéal pour vous, Investisseur Rentable. Toutefois, les banques qui l'appliquent sont rares, il faudra les trouver et y faire vos preuves, tel qu'expliqué plus haut.

Cela dépendra notamment de la qualité de vos premiers investissements. Dans le cas contraire, cette formule ne vous sera jamais permise. Aussi, partez toujours du principe que le premier calcul est le seul existant et basez vos prévisions financières sur ce cas le plus défavorable.

L'ARBITRAGE DES ACTIFS

C'est une étape à laquelle vous serez forcément confronté. Il est donc préférable de l'anticiper. Peut-être vous êtes-vous d'ailleurs déjà retrouvé dans cette situation.

L'arbitrage consiste à évaluer la nécessité, ou non, de vendre une partie de ses actifs. Mais dans quel but ? Pour poursuivre votre route vers la richesse !

En effet, contracter de multiples crédits peut être nocif, même en étant un excellent gestionnaire. Un faux pas, un aléa de la vie peut suffire à mettre en branle l'équilibre financier que vous aviez patiemment bâti. Les banques portent une attention particulière au niveau de risque lors d'un prêt. Plus vous empruntez, plus le risque de ne pas pouvoir rembourser augmente. Il faudra alors mettre en place une stratégie pour rassurer la banque et sécuriser votre situation.

En premier lieu, séparez-vous de vos biens les moins rentables ou ceux dont les mensualités de remboursement sont les plus élevées. Vous pouvez aussi envisager ceux qui ne représentent plus de possibilités de déductions sur les impôts, en termes de perspectives de déficit. Étudiez chaque cas afin de déterminer la meilleure solution.

Par exemple, si vous détenez un immeuble complet, revendez une partie des appartements qu'il contient, ce qui vous redonnera du capital pour emprunter à nouveau. Mais cela suppose la création d'une copropriété, ce qui n'est pas forcément une gageure. Vous n'êtes plus seul à décider, un certain nombre de démarches devront être mises en place... Ces reventes induiront potentiellement, également, des travaux, qu'il faudra financer.

La conséquence de la revente est bien sûr la hausse des impôts, du fait des moindres déductions d'intérêts d'emprunt. Toutefois, vos liquidités accrues vous permettront d'absorber ces impôts complémentaires. De toute façon, quand on gagne de l'argent, on doit payer des taxes et des impôts. C'est normal et il faut l'accepter. Il existe nombre de leviers fiscaux qui permettent de réduire ces dus, il suffit de s'y intéresser.

Dans un second temps, il est possible de céder un bien en échange d'une contre-garantie, permettant d'obtenir un crédit plus important. Cela rétablira par ailleurs votre capacité d'emprunt.

Sachez qu'un actif qui ne supporte plus sa contrepartie passive, c'est de l'argent physique et donc un pas important vers votre indépendance financière. C'est l'effet de levier du crédit, qui vous permet de faire croître votre parc immobilier de façon exponentielle. Le processus est en marche.

ATTEIGNEZ LE NIVEAU SUPÉRIEUR !

Si vous appliquez tous mes conseils sans cesse, si vous vous améliorez continuellement, si vous vous remettez en question, vous aurez les faveurs de vos locataires et de votre banquier. Vous atteindrez alors le niveau supérieur : l'indépendance financière. Comment la définir ? Déjà cassons le rêve : non on ne vous déroulera pas le tapis rouge à la banque. D'ailleurs, le passage à ce niveau supérieur passe un peu inaperçu, il n'y a pas concrètement de frontière que vous franchissez.

Cependant, vous saurez deviner le moment où tout a basculé : si votre banquier se montre d'un coup plus intéressé par exemple. Il vous accorde des privilèges, vous invite à des événements spécifiques. C'est parfois même le directeur de l'agence qui traite vos dossiers.

Pour atteindre ce stade, n'oubliez pas : logements de qualité et comportement humain doivent être vos objectifs !

L'immobilier est sans doute le seul moyen, avec l'entreprenariat, pour atteindre des niveaux élevés de patrimoine, rapidement et sans facilité initiale.

SAVOIR METTRE SON TEMPS À PROFIT

Parfois, il est difficile de lâcher prise tant on est investi. Surtout si cet investissement se fait dans une passion. Vivre d'une passion est en général prenant car on ne le vit pas comme une corvée, comme un travail classique. On s'amuse et les idées foisonnent !

Toutefois, il ne faut pas négliger son entourage pour autant, car ils ne sont pas forcément à même de comprendre ce que l'on vit : on poursuit un objectif inatteignable du fait qu'il évolue sans cesse dans le temps. Cet objectif mouvant est surtout une façon de poursuivre votre investissement dans cette passion, sans cesse.

De ce fait, ce que nous avons jusqu'alors prend tout son sens. Quel est pour vous cet objectif qui évolue sans cesse ? La richesse ? Mais quelle en est votre définition ? Vous verrez que celle-ci sera différente au fur et à mesure que votre richesse augmentera. Plus vous aurez de l'argent, plus vous en voudrez. C'est donc un objectif inatteignable, celui vers lequel votre passion pour l'investissement immobilier vous mènera en vain. Mais qu'importe, vous le poursuivrez malgré tout, sans relâche, car c'est le sens de votre vie.

Malgré tout, ne perdez pas de vue qu'il vous faut parfaitement définir votre objectif, chiffrez-le. Fixez-vous une valeur de patrimoine à atteindre, augmentez-la (ou changez d'objectif) dès que vous y serez parvenu, et ainsi de suite.

La définition de votre objectif passe par des questions en cascade en forme de « pourquoi ? ». Pourquoi voulez-vous devenir riche ? À cette réponse, demandez-vous pourquoi, et ainsi de suite jusqu'à trouver la vraie finalité de votre objectif. Soyez précis dans vos réflexions afin de vous aider à définir votre objectif et à le justifier. S'il est clair dans votre esprit, cet objectif sera atteint plus facilement car vous serez totalement investi. Et cela vous permettra également de déterminer si, à un moment donné, vous ne devez pas tout simplement changer d'objectif. Si votre première finalité est satisfaite, reposez-vous des questions et définissez un autre objectif. Il pourra être dans la même lignée, ou totalement différent. C'est à vous de le définir.

Dans tous les cas, n'oubliez pas de profiter de la vie, ne foncez pas tête baissée à en oublier les plaisirs de la vie. Sans quoi vous aurez atteint des objectifs sans jamais voir ce que la vie à côté de votre passion peut vous réserver.

CONCLUSION

Les points à aborder sont trop nombreux, tellement spécifiques parfois, et il y a tellement de bibliographie dans le domaine de l'immobilier qu'il est impossible de tout aborder. C'est pourquoi cet ouvrage était plutôt destinée à vous montrer le chemin que vous pourrez suivre ensuite par vous-même.

En effet, pour devenir un investisseur rentable, il ne suffit pas de se lancer tête baissée en n'ayant aucune connaissance ou en écoutant les autres. C'est une activité difficile et vous avez bien fait de vous former avant de vous lancer. Ce n'est pas une loterie, il faut abattre une certaine quantité de travail tout en gardant un objectif en ligne de mire.

Vous l'avez compris à travers ces pages, vous devez réfléchir à votre projet, acquérir de l'expérience. La richesse est la juste récompense de ce long labeur, mais elle se mérite. C'est une affaire de longue haleine, il ne faut pas vouloir prendre des raccourcis.

Vous êtes nombreux à vous lancer dans cette activité qui peut être très lucrative, mais seule une minorité, dont vous faites désormais partie, se forme pour éviter les pièces classiques et va jusqu'au bout. Faire le premier pas n'est pas évident, mais une fois celui-ci réalisé, vous pourrez avancer.

Pour conclure, mon dernier conseil : restez curieux, visez toujours plus haut dans votre expérience et vos connaissances. Ne vous reposez pas sur vos lauriers, restez flexible. On peut apprendre tous les jours si on s'en donne la peine.

La réussite à un prix.

www.ingramcontent.com/pod-product-compliance
Lightning Source LLC
Chambersburg PA
CBHW071409210526
45465CB00001B/304